LES ARABES

ET

L'OCCUPATION RESTREINTE

EN ALGÉRIE

Imprimé par Charles Noblet, rue Soufflot, 18.

LES ARABES

ET

L'OCCUPATION RESTREINTE

EN ALGÉRIE

PAR UN

ANCIEN CURÉ DE LAGHOUAT

SUIVI

D'une Lettre de M. l'abbé SAUVE sur le Coran,
et de quelques Notes relatives aux Juifs

CH.

PARIS

CHALLAMEL AINÉ, LIBRAIRE-ÉDITEUR

COMMISSIONNAIRE POUR LA MARINE, LES COLONIES ET L'ORIENT

30, rue des Boulangers, 30

CHEZ TOUS LES LIBRAIRES DE L'ALGÉRIE

—

1866

1865

AVERTISSEMENT

Les pages suivantes, que les circonstances dans les-quelles nous place le projet d'occupation restreinte en Algérie, publié par l'Empereur, m'ont amené à écrire, sont le fruit de douze années d'observations et d'une étude constante de la vie, des mœurs et des préjugés des Arabes.

Je dois m'attendre à voir certaines de mes opinions combattues; elles pourront, en effet, paraître à plu-sieurs de mes lecteurs étranges et inadmissibles, surtout à notre époque, et avec les idées qui nous régissent. Je ne prétends pas à l'infaillibilité, et le droit de me con-tredire, je ne le conteste à personne. Mais, quoi qu'on dise, et quoi qu'on écrive, on ne saurait détruire les prémisses sur la conséquence desquelles mon travail est fondé, *la connaissance du caractère, des sympathies et des répugnances* du peuple que nous avons vaincu.

Je ne songeais pas d'abord à m'étendre aussi longue-ment. Cette pensée ne m'est venue qu'à la suite d'une lettre, sur le sujet que je traite ici, et que j'ai adressée, le 8 octobre dernier, à un haut personnage que le res-pect me défend de nommer. Les idées se pressant dans ma tête, les conclusions de mes observations journalières et les souvenirs y arrivant en foule, cette lettre, relativement fort courte, a pris insensiblement des développements considérables ; c'est elle que je livre aujourd'hui au public, sous une autre forme, avec les qualités et les défauts qu'elle peut avoir.

Je n'avais pas l'intention de la publier, et j'aurais persisté dans ma première résolution, si l'Empereur, en faisant paraître sa lettre à M. le duc de Magenta, ne semblait vouloir appeler la discussion sur une question aussi importante. Je n'ai pas la prétention d'être un flambeau, mais si je puis ajouter une petite part aux lumières dont l'Empereur doit désirer de s'entourer, pourquoi ne le ferais-je pas ? Aussi n'est-ce pas une vaine gloriole qui me pousse à écrire, mais bien le désir d'être utile. En disant ce que je sais des Arabes, ce que j'en ai vu, et ce que les rapports quotidiens que j'avais avec eux m'en ont appris, je me persuade que j'accomplis un devoir. Le reste, non pas qu'il me soit indifférent de faire partager mes convictions, le reste n'est pas de ma compétence.

Dans une question qui intéresse à la fois l'honneur de la France, la gloire du chef de l'État et l'avenir de l'Algérie, toute idée personnelle doit s'effacer pour juger avec le calme et l'attention qu'il mérite, le grave projet mis en avant par l'Empereur. Or, je le dis dès maintenant, et j'espère le prouver plus tard, ce projet mis à exécution, au moins pour ce qui concerne les Arabes, serait désastreux. Je serais consterné de voir l'Empereur, qui nous a rendu des services que je n'oublie pas, faire fausse route. Si j'ai des motifs pour le bénir, je n'en ai aucun pour le flatter. Or, l'Empereur est trop grand pour ne pas convenir simplement qu'il ne connaît qu'imparfaitement l'Algérie et les vastes questions *locales* qui font de cette colonie une des œuvres les plus laborieuses de notre temps.

A une autre époque, avec le *compelle intrare* pratiqué par Charlemagne à l'endroit des Saxons, on fût venu en peu de temps à bout des Arabes, mais nous sommes au XIXᵉ siècle, et cette façon de procéder n'est plus de saison.

Je sais bien que l'Empereur a pu se faire renseigner... Qu'on me pardonne si j'avoue que je me méfie un peu, non des intentions que je suppose toujours droites et honorables, mais de cette espèce de voile qui, comme malgré nous, obscurcit notre entendement, lorsqu'il s'agit de combattre les idées émises par un auguste personnage. Le respect, peut-être la crainte de se tromper soi-même, d'autres motifs encore, que sais-je? tout cela peut refroidir et paralyser l'énergie du cœur le plus intrépide... J'ai un peu étudié la question sur son propre terrain, et avec le respect le plus profond qu'un sujet puisse avoir pour son souverain, j'exposerai ici, en présence de Dieu, ce que je crois la vérité.

Le complément de ce travail, dont les événements malheureux qui s'accomplissent en ce moment dans notre colonie ne font que justifier les aperçus, paraîtra prochainement.

La lettre de l'Empereur que j'ai reçue aujourd'hui, lorsque déjà cette première partie de ma tâche était terminée, quoique contenant des choses admirables et

des appréciations du plus haut intérêt sur l'administration en général, et les réformes dont elle est susceptible,
ne modifie cependant en rien, à mes yeux, le jugement
que j'ai formulé sur les indigènes. Au reste, j'y reviendrai, s'il plaît à Dieu, comme disent les Arabes.

6 novembre 1865.

LES ARABES

ET

L'OCCUPATION RESTREINTE

EN ALGÉRIE

———————

Donc, nous reviendrions sur nos pas, et nous nous arrêterions, pour la province d'Alger, à la ligne de Boghar (1), par exemple ; en d'autres termes, et pour qualifier brutalement la chose, nous ferions une *reculade*. Eh bien ! cette reculade, tout en les rendant bien heureux, ne surprendra nullement les Arabes ; elle était prévue, et depuis longtemps ils s'y attendent. Seulement, pour eux, elle emporte une signification bien autrement capitale que pour nous ; pour nous, elle est une simple mesure administrative, pour eux, *ce sera le commencement de la fin.*

Il existe, en effet, à ce sujet une prophétie fort répandue parmi les indigènes. Cette prophétie, attribuée au fa-

(1) Les limites assignées par l'Empereur ne s'étendent pas même jusque-là pour cette province. Voir sa lettre, page 52.

meux marabout Sidi-el-Hadj-Aïssa, enterré depuis bientôt deux cents ans à Laghouat, avait annoncé, comme un
châtiment de Dieu, l'envahissement du Sud, la prise et
l'occupation de Laghouat par les *Beni-Asfeur* (enfants du
jaune). L'arrivée de nos troupes, dont quelques-unes
portaient alors du *jaune* sur leurs habits (1), n'avait donc
point étonné les Arabes ; dans ce fait, ils ne virent que
l'accomplissement de la première partie de la prophétie
de leur marabout vénéré, et ils s'y résignèrent en frémissant. Mais cette prophétie a une suite ; si elle annonce la prise et l'occupation du pays, elle en indique
aussi le terme : « Dieu, après avoir éprouvé les fidèles
« musulmans par les enfants du jaune, frappera à leur
« tour ceux-ci d'aveuglement, et il les précipitera dans
« la mer par laquelle ils seront venus. » Aussi, les
Arabes, dans l'intimité, ne cessaient-ils de me demander, lorsque je demeurais dans le Sud : — « Quand donc
les Français s'en iront-ils ? » — Nous en aller, jamais ! —
Dieu le sait, répondaient-ils en inclinant la tête avec le
calme du fatalisme qui les distingue.

Qu'on juge donc quelle force prêterait à leur foi en
cette prophétie une occupation restreinte, et avec quelle
puissance s'agiteraient dans leur cœur les espérances de
notre départ définitif qu'elle y a déposées ! Les conséquences malheureuses de pareilles chimères amoureu-
sement caressées par un peuple aussi enthousiaste que
fanatique, prêchées par les marabouts, entretenues avec
soin par les frères (*Khouan*) des confréries religieuses, et

(1) Les voltigeurs.

secrètement favorisées par les chefs arabes en apparence les plus dévoués ; ces conséquences s'aperçoivent tout de suite, et, tôt ou tard, elles produiront de terribles fruits.

Je parlais des chefs arabes. Nous avons dépensé des sommes considérables pour les séduire, leur donner une haute idée de la France, de sa puissance, de sa grandeur, et leur inculquer quelques idées de civilisation et de progrès en leur faisant visiter Paris et en étalant sous leurs yeux les merveilles de nos arts et de notre industrie. Eh bien ! tout cela a été fait en pure perte pour nous. Ces gens-là, qui rampent à plat ventre devant le dernier des employés des bureaux arabes, qui simulent d'une manière si parfaite le dévouement et qu'on ne trouve jamais à court de protestations de fidélité, ces gens-là, dis-je, deviennent muets comme des poissons sur tout ce qu'ils ont vu, une fois rentrés dans leur pays.

Que de fois, et dans un but facile à comprendre, n'en ai-je pas moi-mème interrogé plusieurs, au milieu de nombreuses réunions d'Arabes, sur leurs voyages en France, sur notre sultan, ses palais, nos grandes cités, nos armées, nos vaisseaux, et le reste ! Je n'obtenais d'eux, en réponse, qu'un stupide monosyllabe, et si j'insistais, un dédaigneux silence, ou des sourires plus dédaigneux encore. Et pourquoi cette réserve si insolente ? Parce qu'ils savent très-bien que faire l'éloge de la France, en face de leurs coreligionnaires, serait une sorte d'apostasie qui les ferait considérer comme nous étant vendus. Ils sont trop habiles et trop fins pour jouer une partie qui leur enlèverait toute influence.

Qui ne sait que les Arabes du Sud, durant la guerre

de Crimée, avaient la conviction intime que nous ne
'avions entreprise que pour obéir à l'ordre du sultan
de Stamboul? J'ai essayé, nombre de fois, quand les indigènes venaient si nombreux se grouper autour de
moi, lorsque je m'asseyais sur les bancs de terre qui
bordent certaines rues de Laghouat, j'ai essayé, dis-je,
de les détromper à cet égard et de leur faire bien comprendre que notre puissance était infiniment supérieure
à celle de Constantinople. Veut-on savoir ce que je re-
cueillais le plus souvent pour prix de ma sollicitude? Au
moment où je croyais les avoir enfin convaincus, j'en-
tendais quelque vieille barbe blanche dire en se tour-
nant de côté, et vraiment sans trop se gêner : « Il ment ! »
Mais un jour que la conversation roulait encore sur ce
sujet, la guerre étant terminée, j'avisai un *turco*, et je
lui criai : — Est-ce que tu étais, toi, à battre Moscou
(c'est le nom que les indigènes donnent à la Russie)? —
Certainement que j'y étais ! me répondit-il, tout glorieux. — Eh bien ! dis-moi : est-ce que le sultan de
Stamboul est aussi fort que le sultan des Français? —
« Peuh ! » fit-il, de l'air le plus méprisant, et je donne
la réponse dans toute sa crudité : « *Le sultan de Stamboul
est comme un pou, en face du sultan des Français !* » C'était
magnifique. Les indigènes qui attendaient sa réponse
avec la plus grande anxiété, furent consternés.... et
je triomphais ! Mais mon triomphe fut de courte durée,
car un Arabe, indigné, vociféra ces paroles EN CRACHANT:
« *Celui-là, il a vendu sa religion dix sous par jour !* » —
C'est la solde du turco. — Tout était perdu, et il n'y
avait plus à y revenir.

Que mes lecteurs ne pensent pas que j'entre dans ces détails dans le seul but de les initïer un peu aux mœurs des Arabes, mon intention va plus loin et plus haut; c'est pour qu'ils voient bien à quel peuple singulier nous avons affaire, et combien il importe que la main de l'autorité et l'œil vigilant de notre police ne les abandonnent pas, sans frein, à leur fanatisme aveugle et à leur haine toujours vivace contre nous. Du reste, grands et petits sont tous intéressés à notre ruine, ils l'appellent de tous leurs vœux, et sans cesse, d'une manière patente ou cachée, ils y travaillent avec ardeur.

Reportons-nous de onze ans en arrière; qu'on lise dans le petit livre si curieux (*les Khouan, frères*) de M. le général Daumas, l'interrogatoire de Mohammed-ben-Abdallah, condamné par le 2ᵉ conseil de guerre d'Alger, le 15 novembre 1854, et extrait du journal *des Débats* du 18 décembre de la même année. Cet homme, qui se montra si grand et si héroïque en face de la mort, dont les paroles respirent une dignité si noble et une franchise si hautaine, ayant à répondre à l'observation suivante : « Nous avons, « quoi que vous puissiez dire, beaucoup d'Arabes qui « savent nous apprécier et nous sont dévoués, » s'exprime ainsi :

« Il n'y a qu'un seul Dieu, ma vie est dans sa main et non dans la vôtre ; je vais donc vous parler franchement. Tous les jours vous voyez des musulmans venir vous dire qu'ils vous aiment et sont vos serviteurs fidèles : *ne les croyez pas, ils vous mentent par peur ou par intérêt. Quand vous donneriez à chaque Arabe et chaque jour l'une de ces petites brochettes qu'ils aiment tant, faites avec votre propre chair, ils ne vous en détesteraient pas moins, et toutes les fois qu'il viendra un schérif qu'ils croiront capable de vous vaincre, ils le suivront tous, fût-ce pour vous attaquer dans Alger.* »

Or, depuis cette époque, les sentiments des indigènes ne se sont pas modifiés à notre égard, la dernière grande insurrection de 1864 suffit seule à le prouver.

J'aurais encore une multitude de choses à dire, mais je veux être aussi bref que possible, je ne fais qu'éclairer la route, au lecteur qui s'y engage à en découvrir les accidents.

Je passe à autre chose, tout en restant dans la question, et qui va faire toucher du doigt tout le danger d'une occupation restreinte, à un autre point de vue.

Avant que nous ne prissions possession du Sud, le métier de *coupeur de route* y était en grand honneur, et j'ai souvent entendu des indigènes ajouter à leurs nombreux griefs contre nous, depuis que nous faisons la police dans leurs parages, celui de la ruine de cette industrie. Pour apprécier cette façon de parler, il faut savoir que, dans sa propre pensée, le coupeur de route ne se regarde pas comme un *voleur*, mais comme un *brave*, et, en effet, on l'admire; ce qu'il prend, il ne le considère pas comme une chose dérobée, mais comme un gain parfaitement licite : *Dieu lui a mis ce voyageur ou cet objet sous la main*, et il en profite, voilà tout. — Le fatalisme tue, chez l'Arabe, la pitié comme la conscience.

Si nous nous retirons, il est incontestable que cette industrie, qui a tant d'attraits pour l'indigène, va renaître, et avec d'autant plus d'énergie qu'elle a été plus vigoureusement comprimée. Si les Arabes ne font que se piller, que *se saigner* entre eux (c'est le mot consacré), le dommage sera mince, et nous les laisserons faire; soit ; mais si des Français, des Espagnols, des Maltais, entraînés par l'appât de bénéfices considérables, se rendent sur les marchés du Sud pour acheter du bétail, des laines, etc., etc., — et il est certain qu'il y en aura, — qui les protégera? — Leur fermerons-nous le Sahara? Mais alors nous paralysons une des sources les plus fécondes de notre commerce. — Leur déclarerons-nous que nous les abandonnons à leurs risques et périls? Mais jamais une grande nation comme la France n'agira ainsi sans déchoir; et d'ailleurs, cela n'est pas possible; elle qui intervient pour sauvegarder les intérêts de ses nationaux dans toutes les parties du globe, laisserait, sans vergogne, les Arabes, les voler et assassiner à ses portes ! Mais les Maltais et les Espagnols, si nombreux dans notre colonie, peuvent la parcourir aussi bien que les Français? Les consuls espagnols et anglais surtout ne réclameront-ils pas énergiquement contre un pareil état de choses? Car, ou le territoire sur lequel se commettent ces abus nous appartient, et alors nous devons y faire sentir notre autorité, ou bien il est ce qu'était la Régence avant la conquête, le repaire d'une bande de pillards, et alors toutes les nations civilisées ont le droit de les châtier et de les réduire à l'impuissance de nuire. Il serait singulier que nous vinssions nous opposer à des représailles que nous ne voudrions pas nous-mêmes exercer. Les Espagnols et les Anglais ne s'aventureront jamais à tenter ce remède héroïque, soit, mais il ne nous en restera pas moins au front cette sorte de honte qui s'attache à l'incapacité et à la faiblesse.

Placerons-nous nos négociants sous la foi des grands chefs arabes? Mais ne savons-nous pas par une triste expérience quel cas il faut faire de la loyauté des indigènes en général? Et si ces chefs sont les premiers à violer, ou secrètement, ou audacieusement les saufs-conduits délivrés par eux, comment les atteindrons-nous? Nous ne pourrons le faire qu'en sillonnant leur territoire par de fortes colonnes, car, si nous leur imposons des amendes *sans faire parler la poudre,* ils ne nous les paieront certainement pas.

Leur laisserons-nous, pour les gouverner, les bureaux arabes? Mais autour d'eux, il faudra une force pour les faire respecter. Conserverons-nous les postes militaires les plus importants du Sud, comme Laghouat, Djelfàa, Biskara, etc. (1), dans lesquels nous avons déjà dépensé tant d'hommes et tant d'argent? Mais, pour ces postes, le même inconvénient que pour les bureaux arabes se présente, et il est probable que les indigènes qui ne verront dans notre retraite qu'un signe de faiblesse notoire, et une preuve de plus de notre incapacité, ne tarderont pas à les attaquer.

Je dis *faiblesse notoire et incapacité.* Les chefs arabes qui ont pu juger, *de visu,* de notre puissance et de nos moyens d'action, sans se rendre bien compte néanmoins sous quelle inspiration nous agissons en nous retirant du Sud, voudront pourtant bien s'avouer à eux-

(1) C'est, en effet, la pensée de l'Empereur (Lettre, p. 62).

mêmes, je pense, que nous ne le faisons que parce que nous le voulons. Mais les Arabes subalternes ne le comprendront jamais! Comment, en effet, espérer qu'ils s'expliquent, autrement que par l'impossibilité où nous sommes de nous y maintenir plus longtemps, notre départ d'un pays que nous avons mis tant d'ardeur à conquérir, sur lequel nous avons créé des établissements considérables, pour la défense duquel nous avons sacrifié tant d'hommes et pour lequel, naguère encore, nous avons combattu avec tant d'acharnement? Les raisons que nous pouvons avoir de cet abandon, les dépassent; nos motifs, ils sont incapables de les apprécier; de notre retraite ils ne jugeront que le fait matériel, et ce fait nous dépouillera de tout prestige à leurs yeux. Leur orgueil, déjà immense, ne fera que s'en accroître encore, leur hypocrite dévouement d'aujourd'hui se changera en insolence, et leur foi en l'avenir, avenir qui doit voir consommer notre expulsion de l'Afrique, deviendra une conviction profonde. En un mot, pour eux, et qui connaît bien les indigènes comprendra toute la gravité de cette parole, il sera évident, plus que jamais, que *Dieu nous aveugle et nous abandonne.*

Au surplus, ils ont toujours eu la pensée que les choses en arriveraient là.

J'ai cité plus haut la prophétie de Sidi-el-Hadj-Aïssa, je n'y reviendrai pas, mais ouvrez le rapport (daté du 11 juillet 1851, de Milianah) sur la grande conspiration arabe qui se tramait à cette époque et découverte par hasard; qu'y lisez-vous?— Cette découverte fut une profonde humiliation pour la police de nos bureaux arabes.

Quand on pense qu'elle s'organisait depuis plus de trois ans, que les principaux des conjurés avaient pu se réunir jusqu'à douze fois, que presque tous les chefs indigènes salariés par nous en faisaient partie, et que pour saisir tous les coupables, il aurait fallu, d'après une *note* annexée à ce rapport, arrêter *le demi-tiers de la population arabe.* Eh bien! dans ce rapport, qui est une révélation aussi triste qu'écrasante de. notre peu de succès après tant de temps et d'efforts, on lit des phrases telles que celles-ci : « La conviction qu'ils ont de nous chasser « un jour fatalement de l'Algérie, *est chez eux un article* « *de foi*, et le temps est éloigné où ils perdront cette « illusion, *si toutefois ils la perdent jamais.* »—Plus loin, un des quatre guendouz (écoliers, serviteurs initiés des schérifs agitateurs) arrêtés et qui mirent les bureaux arabes sur la trace de cette vaste conspiration, répondant à une question qu'on lui avait faite, s'exprime ainsi : «... Bientôt, nous dit-on, *vous devez être chassés* « par le Moul-el-Sâa (maître de l'heure) : est-ce que sa « venue ne nous a pas été prédite aussi bien que la vôtre? « *Elle se réalisera de même.*» Ensuite, parlant du fameux El-Hadj-Mohammed-ben-Brahim, les mêmes guendouz ajoutent, — et ceci démontre avec quelle crédule stupidité les indigènes adoptent les fables les plus absurdes quand elles ont un marabout célèbre pour objet, ou lorsque ce sont des marabouts qui les propagent : — « Mohammed-ben-Brahim est un saint qui en est *à la* « *troisième ou quatrième transformation.* Il a été d'abord « Si-Mohammed-ben-Touala qui a insurgé l'Ouenren- « senis en 1845 et en 1846 et a été tué à Orléansville;

« ensuite Si-Mohammed-ben-Abdallah qui a été pris
« chez les Beni-Zoug-Zoug, et enfin Si-Mohammed-ben-
« Abdallah, qui a été exécuté à Milianah en 1847, pour
« fait de rébellion au marché du Djendel. El-Hadj-Mo-
« hammed-ben-Brahim *doit se perpétuer ainsi jusqu'à ce
« qu'il vous ait jetés à la mer.* » Évidemment, ce Mohammed-ben-Brahim, tot ou tard, reparaîtra.

Voilà ce que les Arabes attendent de l'avenir, et les
espérances que nous allons réveiller en eux, plus puissantes que jamais, si nous évacuons le Sahara algérien.

Maintenant, veut-on une preuve entre mille du discré-
dit profond dans lequel nous sommes tombés à leurs
yeux sous le rapport de l'intelligence? Voici, à cet égard,
ce que nous trouvons dans le rapport déjà cité : « Ne
« nous berçons donc pas de fausses illusions, en croyant
« que depuis que nous gouvernons la population indi-
« gène, nous nous sommes fait aimer d'elle par notre
« justice et notre bonté ; elle n'attribue pas à ces senti-
« ments la douceur de notre domination, mais bien *à
« l'incapacité* qu'elle nous suppose de pouvoir les régir
« à la turque, ou bien encore *à l'aveuglement dont Dieu
« semble nous avoir frappés* en sa faveur... Ils n'attri-
« buent pas (les Arabes) à notre généreuse longanimité
« l'absence de ces châtiments sévères qui les mainte-
« naient soumis à des gouvernements bien moins forts
« que le nôtre, mais ils l'attribuent *à l'ineptie et à l'im-
« puissance* qu'ils nous supposent de ne pouvoir décou-
« vrir et comprendre leurs intrigues, et, par suite, les
« réprimer. » Est-ce assez humiliant pour nous? mais
tenons-nous-en là.

Pense-t-on que leurs chefs chercheront à les détromper et à les éclairer à notre avantage? Ils s'en garderont bien, car, en admettant qu'ils ne partagent pas les folles espérances de leurs coreligionnaires, qu'ils aient une haute idée de notre force et de notre capacité, ce qui n'est pas sûr! ils savent très-bien, néanmoins, que tout ce que nous perdrons de prestige dans l'esprit des Arabes, ils le gagneront en pouvoir et en influence sur ces mêmes Arabes. D'ailleurs, personne n'ignore que nous ne pouvons en aucune façon compter sur ces chefs. Écoutons le célèbre agitateur El-Hadj-Mohammed-ben-Brahim lui-même, qui fut amené de la Casbah d'Alger, où il était détenu, à Milianah, et confronté avec les quatre guendouz qui l'avaient dénoncé; voici de quelle façon il les apprécie (rapport déjà cité), lui qui les connaissait si bien ! « Votre confiance à « vous, Français, envers les Arabes, *est inexplicable.* « Comment avez-vous pu croire qu'ils acceptaient sans « arrière-pensée votre domination? Comment avez-vous « pu fermer les yeux sur leurs menées secrètes et le but « qu'ils veulent atteindre à tout prix?... Mais, en effet, « comment le sauriez-vous? *Vos agents les plus fidèles,* « *ceux sur lesquels vous seriez en droit de compter le plus,* « *sont justement ceux qui vous mettent un bandeau sur les* « *yeux?...* » — Un des quatre guendouz dont j'ai déjà parlé, dit encore : « *Vous êtes dans l'erreur en vous croyant* *sûrs de vos chefs. Ils vous trahissent comme ils ont trahi* *ceux qui vous ont précédés...* » — Il me serait facile de multiplier les citations, mais je me borne à celles-là, et certes, elles sont assez explicites. Je continue.

En outre, que nous abandonnions le Sud en totalité ou

en partie, nous poserons bien des frontières, il nous faudra tracer une ligne de démarcation entre le pays laissé aux Arabes et celui que nous nous serons réservé. Croit-on que ces limites seront tellement sacrées pour eux qu'ils ne les franchiront jamais avec de coupables desseins? Nous ne saurions l'espérer sans tomber dans la plus étrange illusion. Tout arabe naît *voleur*, cette vérité est aussi vieille que leur nom ; ils n'ont pas le sentiment du respect du bien d'autrui, et ils n'en rougissent pas. Les maraudeurs inquiéteront donc sans cesse nos frontières, et avec une audace d'autant plus grande qu'ils nous supposeront plus faibles et qu'un refuge est là tout près pour les recevoir, en cas de malheur, dans le pays que nous leur aurons abandonné. Là, en effet, ils ne sont plus *chez nous*, mais *chez eux*. — La colonisation deviendra impossible sur nos limites, car personne n'y sera sûr de ses biens et de sa vie. — Nous menacerons les chefs des tribus limitrophes, je le veux bien, mais les chefs de ces tribus auront à nous faire une réponse toute prête : « Ce ne sont pas nos gens qui ont commis ces méfaits. » Ensuite, qu'on se persuade bien qu'ils seront fort peu zélés à défendre nos intérêts ; d'ailleurs, ils ne pourraient le faire sans blesser les préjugés de leurs coreligionnaires, car, ne perdons pas de vue que *nous sommes des infidèles*, et que nous couper la gorge ou nous piller ne peut qu'être agréable à Dieu. Exigerons-nous qu'ils nous livrent les coupables? Mais, nous le savons, par une vieille expérience, nous qui, avec tous les moyens dont nous disposons, avons déjà tant de peine à les découvrir aujourd'hui. Ces coupables, considérés comme des héros, protégés, cachés, défendus, deviendront à l'avenir invisibles. Ferons-nous chez eux la police? Mais ce seront de notre part des vexations continuelles ; certains officiers, cela s'est vu (1), en feront même naître les occasions ; les Arabes s'en indigneront, les marabouts s'en mêleront, les agitateurs reparaîtront, et voilà la guerre sainte allumée. Les indigènes voudront voir si le moment de la prophétie de Sidi-el-Hadj-Aïssa ne serait pas venu, et s'il ne serait pas possible *de nous précipiter enfin dans la mer.*

Nous n'abandonnons rien, nous gardons tout (2), comme par le passé, mais nous retirons nos troupes. Alors mes craintes restent les mêmes, et je me demande comment nous empêcherons les inconvénients que je viens de signaler de se produire.

Il nous reste encore un moyen, c'est de confiner chez eux les Arabes. D'accord ; mais ce moyen victorieux est tout simplement impossible, et nous autres, Français, sommes doués d'une raison trop haute pour y avoir jamais songé. A une époque où les barrières tombent de toutes parts devant le progrès de la civilisation qui envahit les régions les plus reculées du monde, isoler tout un peuple, même rebelle à ce glorieux mouvement, serait, en effet, une entreprise chimérique. Au reste, les indigènes en souffriraient peu, tandis que notre commerce en subirait une rude atteinte, et sans aucune compensation pour nous ; car, à moins d'établir un cordon sanitaire, comme

(1) *Souvenirs d'un chef de bureau arabe,* par M. F. Hugonnet liv. IV, p. 236, édition Lévy.
(2) C'est ce qui ressort, en effet, de la lettre de l'Empereur.

en présence de la peste, je ne connais pas de prescrip-
tions assez puissantes pour empêcher les maraudeurs et
les coupeurs de route de violer notre territoire, et de
venir exercer chez nous leur sinistre industrie.

Mais, peut-être, objectera-t-on que je juge trop défa-
vorablement les Arabes, que j'exagère à dessein, dans
l'intérêt de ma thèse, leur haine et leurs espérances?
Que, flattés, au contraire, de recouvrer une sorte de gouvernement qui a toutes leurs sympathies, débarrassés
d'une partie des entraves de notre administration à laquelle ils sont doublement hostiles et comme vaincus et
comme musulmans, satisfaits d'avoir pacifiquement re-
conquis, sur une surface immense, presque toute leur
liberté d'allure, les indigènes, qu'on sait si intelligents,
se trouveront trop heureux et n'auront que des bénédic-
tions pour le pays qui leur aura librement et généreuse-
ment octroyé cette faveur si précieuse?

S'il s'agissait d'un tout autre peuple, ceux qui pensent
ainsi auraient dix mille fois raison, mais quand il s'agit
des Arabes, compter sur la reconnaissance, c'est être dix
mille fois aveugle, ou plutôt, c'est ne pas les connaître.
Ils nous détestaient comme *chrétiens* et nous méprisaient
comme *incapables* avant; ils nous détesteront et nous
mépriseront encore après. Cela nous étonne et, pourtant, rien n'est plus exact. Oui, ce mendiant aux pieds
nus, accroupi sur le bord du chemin, qui vous tend sa
sébile de bois en poussant des clameurs si déchirantes,
et dont le burnous repoussant de puanteur et de saleté
abrite autant de hideuses vermines qu'il contient de brins
de laine; eh bien! ce mendiant sordide vous maudit

dans son cœur, même lorsque vous lui faites l'aumône, et il s'estime infiniment plus haut que vous.

Au reste, cette illusion n'a rien qui doive surprendre. Il est naturel qu'un cœur généreux rêve la reconnaissance chez ceux qu'il oblige, et les esprits les plus distingués l'ont partagée, même au sujet des indigènes. Qu'on ouvre le rapport fait à l'Empereur par le ministre de la guerre, M. le maréchal Vaillant, sur la *situation de l'administration des populations arabes de l'Algérie, pendant l'année* 1856, et publié par le *Moniteur universel* des 1er et 2 juin de l'année suivante, et l'on y verra combien l'illustre maréchal s'abusait! On peut se tromper en aussi bonne compagnie. Il est impossible, en effet, de lire rien de plus consolant et de plus beau, comme résultats acquis, et de présenter de plus encourageantes espérances pour l'avenir. Ce rapport, élaboré avec le plus grand soin, et sur des documents qui devaient paraître de la plus complète exactitude, allait pourtant, quelques années plus tard, recevoir le plus insolent démenti et être effacé avec du sang. Qu'on veuille bien me permettre d'en citer ici quelques extraits :

« Je dois d'abord constater, » ainsi s'exprime l'éminent rapporteur, « la tranquillité qui a régné en Algérie pen-
« dant l'année 1856.... Il faut donc voir dans ce calme
« intérieur *la preuve d'un changement favorable dans les*
« *dispositions des populations arabes à notre égard...* Si je
« devais l'attribuer (cette tranquillité) seulement à la
« présence de nos troupes, ce calme n'aurait pas la va-
« leur d'un progrès moral, *comme je me crois autorisé à*
« *le proclamer,* Nous avons voulu amener l'Arabe à la

« tranquillité par le bien-être, et lui montrer qu'au lieu
« de poursuivre une lutte ruineuse et impossible, il lui
« serait plus avantageux de se soumettre à notre auto-
« rité et de profiter de la paix pour s'enrichir. Il fallait
« pour cela encourager des tentatives isolées, afin d'uti-
« liser leurs résultats comme exemple, aider le pauvre,
« stimuler le riche, peser sur tous par des conseils *qui*
« *finissent toujours par être écoutés*... Tout entier aux
« travaux agricoles, aux transactions commerciales,
« l'Arabe *accepte sans défiance les garanties et les bienfaits*
« *de notre administration et commence à les apprécier.*
« *C'est à peine si un dernier levain d'hostilité réside encore*
« *dans la noblesse religieuse*... Quant au peuple, pour le-
« quel nous nous attachons à remplacer la misère par
« le bien-être, *il voit s'atténuer ses répugnances contre notre*
« *domination*... Enfin, *le fanatisme religieux lui-même*
« *s'affaiblit, et on sent disparaître la distance qui séparait*
« *le vaincu et le conquérant*... Sans doute il nous reste
« encore *beaucoup à faire* pour rattacher complétement
« le peuple arabe à la civilisation française (1). »

Cette dernière phrase est à peu près la seule, de toutes
les appréciations *morales* de ce rapport, qui soit demeurée
une vérité.

On a trop vanté les Arabes, ils sont fort peu chevale-
resques, et la générosité est un mot qu'ils ne comprennent pas. Un Anglais, un Espagnol et même un Russe,
par terre et désarmé, *sent* tout ce qu'il vous doit si, sur
le champ de bataille, votre bras levé pour le frapper

---

(1) Les phrases en italiques ont été soulignées par nous,

s'arrête et lui laisse la vie; un indigène n'a pas de ces délicatesses de sentiment, il ne s'explique pas que vous le laissez vivre, lui votre ennemi, lorsqu'il vous est facile de le mettre à mort; car, certainement, à votre place et sans hésitation comme sans remords, il vous couperait froidement la tête. Vous l'avez épargné? c'est que *Dieu l'a permis, Dieu l'a voulu (mektoub, c'était écrit)*; c'est donc Dieu *seul* qu'il doit remercier. Quant à vous, — toujours cet absurde fatalisme! — instruments passifs dans cette affaire, quel droit avez-vous à sa gratitude?

Lors donc qu'on s'imagine que les Arabes nous sauraient gré si nous les laissions libres comme avant la conquête, en les débarrassant de l'administration française, du cauchemar des bureaux arabes, en leur restituant même la propriété exclusive du Sahara algérien, et qu'ils nous laisseraient jouir en paix du territoire que nous nous serions réservé; c'est là une illusion d'honnête homme étranger à leurs mœurs, et rien de plus. Pour que cette généreuse illusion devînt une réalité, il faudrait tant de choses! que je me borne à dire les principales : il faudrait d'abord que les indigènes cessassent d'être musulmans, c'est-à-dire, ennemis *quand même du nom chrétien;* il faudrait ensuite qu'ils eussent dans l'âme et dans le cœur des idées plus larges, plus nobles, plus élevées, plus grandes que celles qui les dirigent actuellement, et que l'horizon étroit dans lequel ils s'agitent fût plus étendu; il faudrait enfin qu'ils fussent initiés à ce progrès, que donne seule une civilisation un peu avancée, des rapports de bon voisinage entre les peuples, quelles que soient d'ailleurs les différences de religion qui les séparent. Or, l'Arabe est toujours le barbare brutal du VIIᵉ siècle, et ne soupçonne rien de tout cela.

Ils sont très-intelligents, c'est vrai. Mais pour que leur intelligence si vive et si alerte nous fût utile et les préservât de tomber, pour ce qui nous concerne, dans de funestes écarts, il leur faudrait la *science* de la France ; or, cette science, ils l'ignorent absolument. A cet égard, ils n'ont que des données fausses, incomplètes, absurdes, ridicules, et les marabouts qui possèdent leur confiance, ne pourraient même pas, si par impossible ils en avaient la volonté, les instruire, car, sur ce sujet, ils n'en savent guère plus que les simples fidèles.

Les Arabes ne nous sauront donc aucun gré de la grâce insigne que nous leur aurons faite en évacuant le Sud ; ils ne songeront pas davantage à nous en bénir, car, ainsi que je l'ai déjà dit, ce bienfait, ils ne l'expliqueront qu'à notre détriment : les Français *se retirent*, donc, *ils ne peuvent plus rester.* Avec une pareille conviction, et elle sera unanime, comment veut-on qu'ils nous soient reconnaissants d'une chose que, selon eux, nous sommes contraints de faire ?

Ce sentiment seul réglera leur conduite envers nous à l'avenir, et il est facile d'avance de prévoir quelle elle sera ; puisqu'ils sont incapables d'apprécier la noblesse de nos intentions et de comprendre la généreuse gratuité des motifs qui nous auront fait agir : nous nous abuserions donc étrangement si nous nous bercions de l'espoir qu'ils respecteront le territoire sur lequel nous avons l'intention de nous concentrer.

Avec cette idée fixe chez eux que nous n'abandonnons

le Sahara algérien que parce que nous sommes désormais *trop faibles pour le conserver ;* — froissés dans leur orgueil par notre voisinage ; — blessés, indignés dans leur foi en tolérant des chrétiens maudits à leurs portes, — endoctrinés par les émissaires des confréries puissantes de la Mecque et du Maroc, — soulevés, entraînés, séduits par quelques schérifs ambitieux et fanatiques,— tôt ou tard, tenons pour certain qu'ils ne se contenteront plus de la partie et qu'ils voudront essayer d'avoir le tout. Qu'on ne se récrie pas ; qu'on ne dise pas que c'est impossible ; que les Arabes, battus toujours, — éclairés enfin par l'expérience, n'auront jamais cette témérité.... A un peuple fataliste l'expérience ne profite pas. Rappelons-nous ce que disait Mohammed-ben-Abdallah en face du 2ᵉ conseil de guerre d'Alger (*Journal des Débats,* du 18 décembre 1854) : « *Toutes les fois qu'il viendra un « schérif qu'ils croiront capable de vous vaincre, les Arabes « le suivront tous, fût-ce pour vous attaquer dans Alger.* »

Objectera-t-on que nous avons une armée nombreuse, des soldats aguerris, une artillerie formidable, qu'il n'en faut pas plus pour tenir en respect les indigènes ? Malheureusement, l'expérience vient ici démontrer le contraire et ils nous ont prouvé trop souvent que nos soldats et nos canons ne les épouvantent pas ; ils sont conséquents. Pour eux le succès ne dépend pas des *gros bataillons.* C'est là, au reste, l'objection qu'on adressait au même Mohammed-ben-Abdallah , et veut-on savoir comment il la réfute : « *La victoire vient de Dieu, il sait, quand il le veut, faire triompher le faible et abattre le fort.* » Voilà une de ces vérités à laquelle ni moi ni personne n'a rien à répondre ; elle ne nous apprend rien, mais elle nous explique pourquoi les indigènes, toujours battus, recommencent toujours la lutte avec l'espérance de nous vaincre enfin.

Que faire donc, puisque, sauf de très-rares exceptions, grands et petits, pauvres et riches, faibles et puissants, les indigènes nous sont encore hostiles ; que nous n'avons pas fait un pas dans leur esprit depuis la conquête ; que leur haine contre nous est toujours aussi profonde ; que leur fanatisme n'a pas diminué ; que leurs mœurs, à notre contact, ne se sont pas modifiées ; que leurs espérances de nous chasser un jour de l'Algérie sont toujours aussi ardentes ; qu'ils ne voient, dans la douceur avec laquelle nous les traitons, dans les bienfaits dont nous les avons favorisés, que de l'*incapacité* ou de l'*ineptie;* et que l'évacuation du Sahara algérien par nos troupes ne nous assurerait de leur part ni la paix, ni leur affection, pas même une dédaigneuse tolérance ; encore une fois, que faire donc ?

D'abord, et avant tout, maintenir sous notre autorité immédiate et occuper comme par le passé tout le territoire que la valeur de nos soldats nous a conquis.

Avons-nous eu tort de nous étendre dans une mesure aussi large et de poser aussi loin dans le Sud nos limites ? Quelques-uns le regrettent, en effet ; d'autres, et en bien plus grand nombre, ne partagent pas ce sentiment. Je suis de l'avis des derniers. Qui peut prononcer sur ce différend et juger en dernier ressort ? Un seul tribunal, à mon avis, est ici compétent, c'est celui de l'expérience.

L'expérience démontre, en effet, que chaque fois

qu'une nation civilisée s'est trouvée en contact avec un peuple barbare, elle a été forcément amenée à l'envahir et irrésistiblement entraînée beaucoup plus loin, dans ses envahissements, qu'elle ne se l'était d'abord promis. Cette fatalité raisonnée, qui brise et anéantit les résolutions les plus sérieusement arrêtées, s'explique tout naturellement et puise ses motifs d'être dans la nature même des éléments et des causes qui ont fait naître le premier conflit. Croit-on, par exemple, que lorsque, au milieu du dix-huitième siècle, l'empire des Indes fut fondé par une compagnie de marchands, les Anglais songeaient dès lors à s'assujettir l'immense territoire sur lequel ils règnent aujourd'hui? Pas le moins du monde : cette idée ne leur est venue que peu à peu, et insensiblement, ils y ont été contraints par la force même des choses et à mesure que les peuples, leurs voisins, leur suscitaient des embarras ou opposaient des obtacles aux débouchés de leur commerce. Une première lutte en a nécessairement produit une seconde, et ainsi de suite; car de nouvelles difficultés se levaient toujours aux frontières de la dernière conquête; puis, la colère et l'amour-propre, excités par l'intérêt mercantile s'en mêlant, ils sont arrivés, sans en avoir eu ni le pressentiment, ni peut-être la volonté d'abord, à construire, de toutes pièces, le colosse dont ils sont si justement glorieux, mais qui, en réalité, ajoute peu de chose à leur puissance.

En Afrique, les mêmes causes ont produit les mêmes effets; nous avons dû subir les mêmes entraînements, et quoique nous fussions dirigés par un mobile plus noble que celui qui faisait agir les Anglais dans l'Inde, malgré nous, pour conquérir la paix, il a fallu nous étendre et déplacer successivement, tantôt dans une province et tantôt dans une autre, les bornes que nous nous étions assignées.

Lorsque, pour la première fois, le 14 octobre 1827, M. le duc de Clermont-Tonnerre, exprimant son avis au conseil du roi, insista, au *nom de l'honneur français*, sur l'expédition d'Alger, il ne s'expliqua point, et pour cause, sur le sort réservé à cette conquête future (1). Le 5 juillet 1830, nos troupes victorieuses entraient dans la capitale des Etats barbaresques, et M. de Bourmont n'en savait pas davantage; rien dans les instructions qu'il avait reçues ne laissait pressentir à cet égard une résolution arrêtée. Ce ne fut, en effet, au dire d'un historien justement accrédité (2), que le 20 juillet de la même année, *que le gouvernement français prit la résolution définitive de conserver Alger.*

Ce premier pas devait nous obliger à en faire bien d'autres dans la suite.

Il est évident que nous ne pouvions pas nous résigner au rôle humiliant qu'avaient subi les Espagnols, pendant qu'ils occupaient la ville d'Oran; qu'il nous fallait de l'air et de l'espace à nos portes et que nous ne devions pas nous y laisser bloquer ni insulter. Après Alger vint le tour de Bône, d'Oran, enfin de toutes les villes du littoral, puis successivement, amené par des provocations

---

(1) *Histoire de la conquête d'Alger*, par M. A. Nettement, p. 150.
(2) *Id.*, p. 454.

que l'honneur nous prescrivait de punir, celui des villes de l'intérieur. Etait-il possible, je le demande à tout homme politique, de se comporter autrement? A mesure que s'élargissait notre théâtre d'action, grandissaient aussi nos difficultés. Pour ravitailler ces nouvelles conquêtes, il nous fallait des routes libres et sûres; ces routes, nous fûmes forcés de les conquérir et de les garder. Les pays intermédiaires durent donc être fortement occupés. Les Arabes, enorgueillis par quelques douloureux succès, aussi prompts à la fuite qu'ardents à l'attaque, profitant habilement de toutes les fautes que notre inexpérience nous faisait commettre, et poussés par leurs fanatiques marabouts, se montraient chaque jour plus entreprenants et plus audacieux ; devions-nous, *pouvions-nous* supporter froidement leurs insolentes bravades et les rendre encore plus acharnés à nous détruire, par le spectacle d'une inaction qui eût été comprise de leur part comme une lâcheté? Il aurait fallu n'être pas Français! Donc, nous leur donnions vigoureusement la chasse, et pour borner leurs incursions, nous établissions des redoutes, nous fondions de nouveaux postes, toujours plus avancés dans le pays, et ces postes, avec l'unique désir de voir enfin succéder le calme à tant d'orages, la prudence la plus élémentaire nous défendait de les abandonner.

Voilà comment s'est faite la conquête. Depuis Alger qui a été humiliée pour avoir insulté le représentant de la France, jusqu'aux extrémités du Sahara où les indigènes se courbent en frémissant sous la fatalité de notre puissance, partout où se sont montrées nos armes, elles cédaient à une impérieuse nécessité et poursuivaient un but dont l'utilité se cachait sous la gloire.

La preuve que nous n'avions pas d'abord la pensée de nous étendre aussi loin, c'est que dès les premiers jours qui suivirent la prise d'Alger les Beys de Titery et d'Oran, ayant fait leur soumission, reçurent de nous l'investiture des provinces qu'ils administraient. Mais le premier nous fit défaut après la malheureuse promenade militaire à Blidah, du 23 juillet 1830, et le second se retira volontairement en Asie pour faciliter une combinaison du maréchal Clausel, qui échoua (1). Nous songions si peu à augmenter notre territoire, que, le 26 février 1834, un traité était signé entre le général Desmichels, commandant la province d'Oran, et Abd-el-Kader dont la célébrité était déjà grande (on sait de quelle manière ce traité fut déchiré par l'ambitieux émir); plus tard, le 28 octobre 1836, le maréchal Clausel prenait un arrêté qui défendait aux Européens d'acquérir des terres en dehors de la ville de Bône, *pour éviter qu'il se créât dans l'intérieur et sur des points éloignés des intérêts qui, une fois fondés, se seraient crus en droit d'invoquer la protection de l'armée* (2). Le 30 mai 1837 encore, toujours dans le but de conquérir une paix qui nous fuyait sans cesse, le général Bugeaud signait avec Abd-el-Kader, auquel il accordait des avantages énormes, une convention connue sous le nom de *traité de la Tafna*, traité qui ne fut pas plus heureux que le premier et que la mauvaise

(1) *Histoire de la conquête d'Alger*, p. 5 et 6.
(2) *Tableau de la situation des établissements français dans l'Algérie en 1834*, p. 263.

2.

foi des Arabes nous obligea bientôt à détruire à coups de canon. Enfin, car il serait aussi inutile que fastidieux de prolonger ces souvenirs, le 25 mai 1844, la ville capitale du Sud, Laghouat, se rendait au général Marey et celui-ci, satisfait de cette soumission, rentrait à Médéah, laissant Laghouat libre sous l'autorité de son vieux khalifat, Ahmed-ben-Salem. Mais en 1852, les Laghouati, excités par les prédications d'un schérif fanatique, se révoltèrent. Devions-nous donc laisser ce manque de foi impuni ? Mais alors toutes les tribus du Sud, enhardies par notre indifférence, qu'elles auraient prise pour de la peur, se fussent levées comme un seul homme pour nous écraser. Pour prévenir dans l'avenir peut-être d'effroyables malheurs et une plus grande effusion de sang, nous dûmes occuper Laghouat; tandis qu'Aïn-Mahdi, ville célèbre dans les fastes religieux de l'Afrique musulmane, située à deux journées de Laghouat et qui avait fait sa soumission en même temps qu'elle, dès 1844, mais dont la fidélité ne s'est pas démentie, ne compte pas, aujourd'hui encore, un seul de nos soldats dans ses murs.

J'en ai dit assez pour prouver que ce sont les circonstances fâcheuses au milieu desquelles nous nous sommes trouvés et le génie du peuple auquel nous avions affaire, bien plus que l'ambition de nous agrandir, qui nous ont sans cesse entraînés en avant sur le sol algérien. Aussi, dès 1838, alors que nos limites étaient infiniment moins vastes qu'aujourd'hui, le gouvernement, effrayé à la vue de ces frontières qui chaque jour allaient se reculant davantage, et ne voyant pas, sous peine de s'exposer à perdre le fruit des immenses sacrifices déjà faits, le moyen de s'arrêter, prononçait-il cette parole, en face des chambres assemblées : « *Nous avons été poussés à l'extension de l'occupation par les nécessités mêmes de la défense* (1). »

Cette parole, qui semble demander pardon à la France d'avoir si vaillamment soutenu l'honneur de ses armes, dite en face d'hommes qui ne savaient à peu près rien de l'Algérie, cette parole demeure comme l'expression la plus exacte de la vérité et la justification la plus complète que puissent invoquer les intrépides soldats qui ont combattu pour cette rude conquête.

Est-ce à dire qu'il n'y a jamais eu d'entraînements irréfléchis, que la vanité de faire parler de soi, l'amour-propre de la gloire, l'ambition d'un grade plus élevé, la soif des distinctions, la colère, l'indignation de se voir constamment trompés après les plus belles promesses, ne sont jamais entrés pour rien dans les luttes que nous avons eu à soutenir et que quelques-unes n'auraient pas pu être évitées ? Nous n'oserions l'affirmer : nous sommes hommes, par conséquent sujets à faillir : *errare humanum est,* mais il serait puéril de prétendre que ces rares *accidents* ont influé en quoi que ce soit sur l'ensemble des opérations militaires qui ont porté notre drapeau jusqu'aux limites extrêmes où il flotte à l'heure où j'écris ces lignes. Depuis longtemps les Italiens s'écrient : *Italia fara dase,* les Arabes peuvent dire, en se frappant la poitrine : « C'est nous qui, malgré eux, avons contraint les Français *à faire l'Algérie.*

(1) *Tableau de la situation des établissements français dans l'Algérie en* 1838, p. 17.

Matériellement, *l'Algérie est donc faite*. Mais si aujour-d'hui nous abandonnions le Sud, par les motifs que j'ai déjà indiqués et sur lesquels on ne saurait trop insister, les indigènes ne tarderaient pas à recommencer la lutte. Au lieu d'avoir simplement à maintenir ce qui existe, nous aurions alors nous-mêmes à nous défendre; les exigences qui nous ont amenés à nous étendre aussi loin reparaîtraient avec une énergie nouvelle; il nous fau-drait, avec beaucoup de temps et d'efforts, d'immenses sacrifices et des flots de sang versé, revenir à notre point de départ et reconstruire l'édifice que nous aurions im-prudemment détruit. Pourquoi donc nous exposer gra-tuitement à subir de pareilles chances?

Mais si *matériellement* l'Algérie est faite, *moralement* on ne peut pas affirmer qu'il en soit ainsi. Si, en 1856, M. le maréchal Vaillant pouvait dire, avec une grande justesse, qu'il nous restait encore *beaucoup à faire pour rattacher complétement le peuple arabe à la civilisation française* (1), je ne vois pas qu'il soit permis de s'expri-mer autrement en 1865. L'Arabe, en effet, n'a pas changé, ses mœurs ne sont pas modifiées, sa haine contre nous est restée la même, son fanatisme n'a pas diminué, il combat dans nos rangs plutôt par instinct et par amour du pillage que par patriotisme; le drapeau de la France à ses yeux ne représente rien; il n'est pas plus rallié à notre cause que le premier jour; en un mot, il est vaincu, mais *il n'est pas soumis :* il est resté musulman.

Pour ceux qui sont initiés à la doctrine de Mahomet,

(1) Situation de l'administration des populations arabes de l'Al-gérie pendant l'année 1856. (*Moniteur* des 1 et 2 juin 1857.)

ce mot, en effet, explique tous nos déboires : et l'immobilité tenace des indigènes, et leur incommensurable orgueil, et leur haine sans merci, et leur fanatisme indompté, et leur sauvage impétuosité dans l'attaque, et leur impassible constance dans les revers, et leurs espérances toujours ardentes alors même qu'ils devraient être le plus désespérés. Si ces sentiments, contre lesquels notre influence est venue se briser impuissante jusqu'ici, prenaient leur source dans le cœur humilié de ce peuple, si on pouvait regarder la haine dont il nous poursuit comme l'éloquente protestation d'un noble vaincu contre un lâche oppresseur, et si les terribles assauts qu'il nous livre de temps à autre n'étaient que le soulèvement d'un patriotisme généreux qui ne veut pas mourir ; certes, il serait grand ce peuple, malgré l'abjection morale dans laquelle il se traîne ! Mais ces beaux sentiments, apanage des nations d'élite, lui sont inconnus.

L'hostilité des Arabes contre notre occupation puise ses motifs dans un autre mobile ; ce mobile auquel on doit des prodiges d'audace et d'héroïsme et qui agit avec d'autant plus de puissance qu'il procède d'une ignorance plus profonde, *c'est le fanatisme de la foi.*

Les indigènes, on ne l'a pas assez remarqué, et c'est là cependant, à mon avis, le *vrai point capital* de la question, les indigènes ne sont pas des adversaires ordinaires, *ils combattent encore plus pour leur religion que pour leurs foyers*, et voilà pourquoi la guerre qu'ils nous font revêt un caractère d'acharnement et de férocité digne des sauvages. En outre, *ils sont fatalistes*, c'est-à-dire qu'ils marchent courbés dans la vie sous le joug de cette conviction abrutissante que tout est réglé d'avance, par une force aveugle, dans la destinée des peuples comme dans celle des individus, et que, quoi qu'ils fassent, ils ne sauraient y échapper; et voilà pourquoi encore ils pourront, à certains moments, subir *passivement* le fardeau de notre autorité et de notre présence, et pourquoi, en d'autres moments, ils s'efforceront de se débarrasser de ce fardeau et de nous chasser.

Le moyen d'amener de pareilles gens à un accommodement qui ne soit pas une duperie! Car voici le raisonnement qu'ils font, et si on le confronte avec la doctrine dont ils sont les esclaves, on ne peut que le trouver parfaitement logique: « L'arrivée des Français *infidèles* nous avait été prédite, et, en effet, ils sont venus: *C'était écrit (mektoub)*; mais *il est écrit* aussi qu'ils *doivent être expulsés de l'Afrique par le Moul-el-Sâa:* quand donc le jour qui le verra paraître aura lui, il sera impossible aux Français de se soustraire au sort qui leur est réservé.» Et voilà pourquoi aussi, chaque fois qu'un agitateur entouré d'un certain prestige se présente, les Arabes tâtent le pouls à la fatalité, pour s'assurer si ce personnage ne serait pas le libérateur promis et si impatiemment attendu, qui doit faire cette exécution. N'est-ce pas, en effet, ce que nous avons vu? Qu'on relise l'interrogatoire des quatre guendouz, agents de la vaste conspiration de 1851, et l'on comprendra l'importance significative qu'a, pour l'avenir, cette parole échappée à l'un d'entre eux: « Est-ce que la venue du *Moul-el-Sâa* ne nous a pas été prédite aussi bien que la vôtre? *Elle se réalisera de même.* »

Pour ceux qui réfléchissent et qui vont au fond des choses, les alternatives de calme apparent et de troubles trop réels par lesquels nous avons passé, depuis le commencement de la conquête, n'ont pas d'autres causes.

Il faut en conclure ceci : que, tant que les indigènes resteront ce qu'ils sont aujourd'hui, c'est-à-dire tant qu'ils n'auront pas *la science* de la France, le sentiment de sa grandeur, de sa puissance et *la conscience* du but civilisateur qu'elle peut et qu'elle doit poursuivre en Algérie ; tant que leur foi religieuse restera la même, aussi énergique, aussi profonde et aussi exaltée ; en un mot, tant que leurs absurdes préjugés contre nous subsisteront avec la même force, et qu'ils verront en nous des ennemis même lorsque nous travaillons de tout notre pouvoir à leur être utiles, aucun rapprochement n'est possible, et il serait imprudent de compter sur une paix solide et durable.

Pourtant si nous voulons que ce beau pays soit bien et irrévocablement à nous, pour que nous puissions nous y déployer à l'aise, profiter des immenses ressources qu'il nous offre, qu'une population nombreuse et active s'y élève et y prospère, et que la civilisation que nous essayons d'y implanter s'y développe à l'abri des orages, il faut de toute nécessité conquérir cette paix.

Eh bien ! cette paix si désirable, nous ne l'obtiendrons jamais, à moins que les préjugés de l'Arabe ne se dissipent, — que ses haines ne s'apaisent, — que ses espérances de nous chasser de son territoire ne s'évanouissent, — que sa foi religieuse ne se transforme ; — pour tout dire, qu'il ne consente à se rallier à nous, davantage ! à se *confondre* avec nous.

Qu'avons-nous fait jusqu'à ce jour pour atteindre ce but, pour remporter cette victoire magnifique qui doit rendre décisives et couronner toutes les autres?

Louis XVIII, rentrant sur le sol français, après le désastre des Cent-Jours, prononça cette parole, enseignement de l'exil : « Mon gouvernement a fait des fautes. » Cette parole, nous devons avoir la franchise de la redire et de nous l'appliquer, pour ce qui concerne les indigènes de l'Algérie : oui, *nous avons fait des fautes*, et j'ajoute bien vite : il était impossible que nous n'en fissions pas.

Ces fautes sont de deux sortes. Les premières ont eu pour cause notre ignorance des hommes et des choses de ce pays, et à notre place et avec nos idées, tout le monde les eût commises. Les secondes, disons-le, à l'éternel honneur de notre patrie, proviennent de notre excès de générosité à l'égard des vaincus. *O felix culpa!* glorieuse faute, dont nous avons le droit d'être fiers et comme chrétiens et comme Français, car, seule parmi les nations de la terre, la France est capable de tels excès! Malheureusement, nous avons dû les payer bien cher!

Lorsque nous sommes entrés dans Alger, les juifs qui ont vu en nous des sauveurs et aussi des gens à exploiter, sont venus en foule se jeter à notre tête et nous les avons reçus dans nos bras. Quelques-uns parlaient notre langue, d'autres l'italien, tous ce baragouin en usage sur les côtes de la Méditerranée et qui s'appelle le *sabir;* nous pouvions nous entendre. Ils connaissaient le terrain sur lequel nous marchions en aveugles; d'eux seuls il nous était donc possible d'obtenir une multitude de renseignements utiles, car nous ne savions à peu près rien de l'administration intérieure de la grande ville qui venait de tomber en notre pouvoir. Partout ailleurs, ces hommes plus qu'intelligents nous eussent été de précieux auxiliaires, mais en Afrique et à cause du peuple auquel nous avions affaire, ils devinrent la source de sérieux embarras.

Aimez-vous la muscade? On en a mis partout.

Il en fut ainsi des juifs. Dieu sait alors comme ils se dédommagèrent des longs siècles d'oppression et de tyrannie dont ils avaient été les tristes victimes !

Ceux qui ne pouvaient porter que des vêtements de couleur sombre, dont les souliers devaient être sans quartiers, c'est-à-dire en forme de savates, qui étaient astreints à s'éclairer le soir d'une lanterne dans la crainte de se heurter à quelque fidèle musulman et de le souiller par leur contact réputé immonde, que les enfants, et on peut penser s'ils s'en privaient ! pouvaient poursuivre, huer, insulter, éclabousser impunément dans les rues, et qu'on pillait de temps à autre pour n'en pas perdre l'habitude ; eux, ces pauvres juifs, si avilis, si honnis, si bafoués, si humiliés, se voir tout à coup relevés de la boue, devenir non-seulement les égaux, mais les chefs de leurs anciens persécuteurs, avoir le droit de leur donner des ordres et de leur infliger des punitions ! des gémonies monter au Capitole ! il y avait de quoi en perdre la tête ! Aussi abusèrent-ils insolemment de leur triomphe. Pendant quelque temps ce fut une véritable débauche d'habits rouges, jaunes, verts, de toutes les couleurs les plus éclatantes... et de coups de bâton.

Des esprits peu au courant des choses pourront regarder cette émancipation exagérée des fils de Juda comme une bonne plaisanterie, ou tout au moins comme de justes représailles de tout ce qu'ils avaient souffert, mais ceux qui connaissent les susceptibilités des Arabes en jugeront tout autrement. Ce fut là, en effet, un grand malheur, car, dès le début de notre conquête, ces faits colportés, dénaturés, grossis, envenimés, portèrent un coup terrible à notre considération.

Pour le comprendre, il faut avoir vu avec quel suprême dédain et quel souverain mépris les indigènes, encore aujourd'hui traitent les fils déshérités de Jacob. *Juif, fils de juif*, dans leur vocabulaire, sont des injures graves, et le *ben djifa* (*fils de charogne*) (1), cet outrage sans nom, qui, adressé à un Arabe veut du sang, n'est appliqué qu'aux Israélites. Qu'on se représente donc, s'il est possible, l'étonnement profond et l'indignation furieuse dont les Kabyles, les Maures, les Coulouglis et les Turcs d'Alger furent saisis en voyant la confiance dont nous honorions ces juifs conspués ! à leurs yeux, ce fut comme une sorte d'apostasie. Comment, s'écriaient-ils, les roumis (chrétiens) se servent des juifs et leur touchent la main ! Ils ont donc oublié qu'ils ont voulu crucifier leur prophète, Sidna Aïssa (Jésus) (2) ? Et une immense clameur retentit d'un bout à l'autre de l'Algérie s'éleva : Les Français écoutent les juifs ! les Français aiment les juifs ! les Français sont des *fils de juifs !* »

_____

(1) Voir à la fin du volume la légende qui, dans la pensée des Arabes, justifie et explique cette révoltante épithète.

(2) Les musulmans croient que Dieu a soustrait le Christ à la fu-

Et ils nous enveloppèrent avec eux dans un commun mépris.

Ce qu'il y eut de plus fâcheux, c'est que les Arabes ne voulurent pas voir dans ces faits une des nécessités de notre position ; ils n'admettaient pas que nous pussions prendre pour intermédiaires entre eux et nous ces hommes que Mahomet a flétris, les persécuteurs de Jésus-Christ, et ils ne cherchèrent même pas à comprendre que notre conduite avait pour cause notre inexpérience plutôt que notre sympathie pour ces misérables parias des nations. Ils se persuadèrent que c'était là de notre part une vexation odieuse pour eux-mêmes, un outrage gratuit à leur foi, et ils ne nous le pardonnèrent jamais.

Je me suis appesanti sur cette faute de notre ignorance, car ce fut une de celles qui eurent le plus de retentissement et d'éclat. Les prédicateurs de la guerre sainte y puisèrent des armes terribles contre nous ; ils débitèrent sur notre compte les fables les plus absurdes, les histoires les plus étranges, les contes les plus fantastiques, et ils nous couvrirent de ridicule ; leurs auditeurs, fanatiques, crédules et prévenus, acceptaient tout, croyaient tout ; car, du moment que nous pactisions avec les juifs, *nous étions capables de tout !* De là cette multitude de préjugés, qui nous abaissent dans l'esprit des

reur des juifs, au moment où ils allaient le faire mourir, et qu'il a mis en sa place un homme qui lui ressemblait.

indigènes et que nous aurons tant de peine à détruire.

Je laisse de côté les abus nombreux, inséparables des tâtonnements d'un début, et qui se glissèrent dans les petits détails de l'administration ; qu'on lise les *Annales Algériennes* du capitaine d'état-major M. Pélissier, qui en fut témoin, et l'on sera suffisamment édifié à cet égard ; d'ailleurs, les indigènes s'en inquiétèrent peu, un abus de plus ou de moins pour eux n'était pas une affaire, et depuis longtemps ils y étaient accoutumés. Je ne m'occupe ici que des fautes et des imprudences qui impressionnèrent le plus vivement les Arabes, parce qu'elles furent un scandale pour leur foi religieuse.

Ainsi les indigènes, si rigides observateurs des formes extérieures pour tout ce qui tient à la religion, ne nous voyant jamais ou presque jamais faire acte public de christianisme, dirent : « *Les Français sont des impies qui ne prient pas Dieu.* » Puis, rencontrant malheureusement trop souvent dans les rues nos soldats en état d'ivresse, ils dirent encore : « *Les Français vivent comme des porcs; ce sont des gens de rien.* » Plus tard, l'idée nous vint, idée malheureuse, pour gagner leurs sympathies, de réparer et d'embellir leurs mosquées. Cette maladresse, que notre naïveté nous fit commettre, combla la mesure. Le culte catholique n'était pas alors officiellement établi à Alger; car ce ne fut qu'en 1832 que la mosquée de la Victoire, cédée volontairement ou même offerte spontanément par les Arabes, fut transformée en église (1). (On sait que l'évêché actuel ne fut érigé

(1) *La nouvelle Eglise d'Afrique*, par M. l'abbé Marty, *correspondant* du 25 septembre 1861.

qu'en 1839.) Nous n'avions que quatre ou cinq prêtres disséminés dans les villes que nous occupions et
que les indigènes ne connaissaient pas ou ne voyaient
presque jamais. Aussi disaient-ils : « Les Français réparent nos mosquées, *mais ils n'y entrent pas; ils n'ont
point de marabouts* (prêtres); *les Français n'ont pas de
Dieu.* » Ces bruits malveillants, éclos dans notre voisinage et bientôt colportés dans les tribus éloignées,
nous firent un mal affreux. Nous fûmes classés comme
peuple, *au-dessous des juifs.* En 1843, cette fièvre de
concessions sacriléges, qui ne nous attiraient que le
mépris, ne nous avait pas encore quittés et peut-être
même en sommes-nous encore malades aujourd'hui.
Le rouge en monte au front, quand on y songe : un jour
un ordre vint, le 10 novembre, émané de la direction de
l'intérieur, qui enjoignait à Madame la supérieure de
l'hôpital de faire disparaître le *Christ* des salles de cet
établissement, pour ne pas blesser les susceptibilités des
indigènes qui pouvaient y être admis. Il n'était pas possible de s'humilier plus bas devant le croissant.

On a dit des revenants de l'émigration *qu'ils n'avaient
rien oublié et rien appris.* Je ne sais pas jusqu'à quel
point cette parole est exacte, mais, appliquée à de pareils
administrateurs, elle n'est vraie qu'à demi, car ils
avaient bien oublié ce que leur prescrivaient l'honneur,
la dignité de la France et leur titre de chrétiens, mais ils
n'avaient point appris à connaître les Arabes (1).

(1) Soyons justes. Le ministre de la guerre, auquel Mgr Dupuch
en appela, blàma cet excès de zèle, et cet ordre ne fut pas maintenu.

Qu'on se le persuade donc une bonne fois, et je voudrais pouvoir le crier aux quatre vents du ciel et être entendu : les indigènes sont avant tout des *croyants* sans faiblesse, sans respect humain, et, qu'on me passe ce mot qui les peint, *effrontément* religieux. Aussi, pour eux, l'homme qui ne sait pas s'incliner devant Dieu est-il une sorte de monstre pour lequel ils éprouvent plus que de l'horreur : « *Vous êtes des chiens, vous autres*, disait Abd-el-Kader à ses prisonniers français, *vous ne priez jamais Dieu* (1) ! » Ils pourront bien, à certains moments, je l'admets, traiter en ennemi celui qui ne partage pas leur foi, mais s'il a le courage et l'audace de la sienne, ils l'estiment et ils l'admirent. Qu'on se rappelle saint Louis, « *ce fier chrétien*, » prisonnier sur la terre d'Egypte. Un fait assez éloquent et qui aurait pu éclairer nos gouvernants de l'Algérie, fait qu'on peut constater chaque jour en territoire militaire où les indigènes sont plus nombreux, c'est la considération, le respect, l'affection, la *confiance*, surtout s'il parle leur langue, dont ils entourent le *marabout chrétien*. Cela est si vrai, qu'il m'est arrivé plusieurs fois, sans armes et sans escorte, n'étant accompagné que d'un seul homme, de parcourir le désert, de m'égarer au milieu des tribus, et, je le déclare ici hautement à l'honneur des Arabes, jamais, même dans notre catholique Bretagne, je n'ai trouvé un accueil plus cordial et plus empressé. Toute la tribu se réunissait devant ma tente et il s'ensuivait d'intermina-

(1) « Notre indifférence religieuse était ce qui choquait le plus les Arabes » (*Annales algériennes*, par M. Pélissier).

bles conversations dans lesquelles je m'efforçais de répondre, sans blesser leurs préjugés religieux, aux questions multipliées qu'ils m'adressaient. On sait combien ils sont communicatifs et causeurs lorsqu'ils peuvent s'épancher en toute liberté. Mais si je venais à prendre mon bréviaire et à leur dire : « Je vais prier, » immédiatement et comme par enchantement le silence le plus profond s'établissait, et ils se répétaient tout bas les uns aux autres en se composant un visage grave et recueilli : « Il va prier. » Et le silence durait ainsi jusqu'à la fin. — Malgré moi mes yeux se mouillent au souvenir de ces scènes si belles, si grandes dans leur simplicité, et plus d'une fois, au milieu de mes compatriotes civilisés, j'ai regretté la tente du désert et la natte hospitalière sur laquelle je reposais mes membres fatigués (1). — Si, voyageant la nuit, chose assez fréquente à

(1) On nous signale un fait qui vient beaucoup trop à l'appui de tous ceux que nous signalons ici, pour que nous le passions sous silence :

Mgr l'évêque d'Alger ayant autorisé l'établissement d'une chapelle particulière dans une maison sise au centre des exploitations forestières du cercle de Philippeville, éloigné de 16 kilomètres de Jemmapes, et dont les environs ne sont peuplés que d'Arabes, non-seulement ceux-ci portent au vicaire de la paroisse, qui vient y célébrer la messe, et au fils du concessionnaire revêtu du caractère sacerdotal, qui a séjourné sur les lieux à deux reprises, un respect qui contraste avec la manière d'agir de beaucoup de chrétiens, mais, silencieux, dans une attitude respectueuse, assistent au sacrifice ou à d'autres exercices religieux, sans que jamais il ait été nécessaire de leur adresser la moindre observation.

Il en est de même des Kabyles : 120 à 150 de ces hommes attendant la paie qui s'effectue dans un lieu voisin et causant à voix haute, cessent à l'instant toute conversation, et restent immobiles lors-

cause de la chaleur, je rencontrais des Arabes, dès que
Je m'étais fait connaître, ils accouraient, me baisaient la
main, même quelquefois les pieds, et s'ils suivaient la
même route, ils me demandaient à se joindre à moi
pour se mettre à l'abri du mauvais œil. Dans leur pensée,
les *jeteurs de sorts,* qu'ils redoutent encore plus que les
Italiens, n'ont aucune influence sur le marabout et sur
ceux qui l'entourent. Le prestige du ministre du culte
catholique est si bien établi au sein des tribus nomades,
que je n'hésite pas à prétendre que, même dans les
temps de troubles et de révoltes, un prêtre, pourvu
qu'il fût connu comme tel, et qu'il sût se faire comprendre, pourrait, sans rien craindre pour sa vie, pénétrer au milieu des territoires insurgés. On le retiendrait
peut-être prisonnier, mais certainement on ne le tuerait
pas. Et pourquoi cette considération, ce respect, cette
sorte d'inviolabilité attachée à notre personne? Ces pré-
rogatives tiennent uniquement à une toute petite chose
à laquelle on n'a pas assez prêté d'attention jusqu'ici,
c'est que l'Arabe voit dans le marabout chrétien, non
pas le Français qu'ils déteste, mais *l'homme de Dieu et de
la prière.*

Donc, chaque fois que nous avons cru devoir, dans
un but de paix et de conciliation, abaisser la croix devant le croissant, nous nous sommes trompés et nous

qu'on les prévient que le marabout va prier. On n'entend pas
même un chuchotement.

M. Gaultier de Claubry, chez lequel ces faits se sont passés, et
qui en a été souvent le témoin, a pu en vérifier de semblables dans
divers lieux de l'Algérie.

n'avons recueilli, pour prix de cette faiblesse, que l'humiliation d'éclatants déboires. L'Arabe ne comprend pas,
chez les autres, ces défaillances, parce qu'il est lui-même
incapable de les ressentir. Qu'on se tienne pour averti, à
l'avenir, que toutes les concessions qu'on pourra lui
faire, surtout sous ce rapport, ne lui paraîtront dictées
que par la peur ou par l'impuissance. Ayons le courage
de nous montrer ouvertement chrétiens comme il a, lui,
l'audace de se montrer franchement musulman, et si,
par cette façon d'agir, nous ne gagnons rien dans son
affection, du moins nous échapperons à son mépris.

Il y a dans le rapport sur l'Algérie de M. le maréchal
Vaillant, dont j'ai déjà cité quelques fragments (1), un
mot qui me cause une inquiétude que je vais exposer franchement, c'est celui de *tolérance,* plusieurs fois répété.
Ainsi, par exemple, l'illustre maréchal s'applaudit d'avoir
vu établir dans chaque province, par décret du 30 septembre 1850, une *médersa* (école arabe d'enseignement supérieur), et il ajoute : « Ce décret a voulu créer une concur-
« rence à ces *Zaouïas,* dirigées le plus souvent par des maî-
« tres fanatiques, en organisant sous notre patronage une
« pépinière de jeunes *tolbas* (lettrés) qui, leur éducation
« étant terminée, iront rapporter dans leur pays l'in-
« struction qu'ils auront puisée à une source tout au
« moins exempte d'*intolérance...* » — Sans être prophète,
on peut prédire d'avance à ces jeunes tolbas *tolérants*
l'échec le plus complet, car ils seront suspects par cela

---

(1) Je n'ai pas à ma disposition ceux qui ont paru depuis, et au
sein de la campagne que j'habite, il me serait difficile de me les
procurer.

3.

seul qu'ils auront étudié *chez nous*. — Plus loin, en parlant du collége arabe-français, l'éminent rapporteur dit
encore : « Là, les mesures adoptées pour ménager les
« susceptibilités religieuses des familles permettront
« aux élèves de rentrer un jour dans leur tribu
« sans éveiller les défiances contre l'éducation qu'ils au-
« ront reçue, et ils deviendront les propagateurs de cette
« *tolérance* religieuse, condition essentielle de la com-
« plète pacification du pays (1). »

Ce mot, à mon sens, et j'en demande pardon si je me
trompe, me paraît tout simplement être employé ici comme
synonyme de celui d'*indifférence*. Si je ne m'abuse pas, et
si c'est là que nous voulons arriver pour « la complète
pacification du pays, » outre que ces nouveaux apôtres
prêcheront littéralement dans le désert et à des sourds,
j'avoue que j'applaudis de tout mon cœur à l'inanité des
efforts qui ont pu être tentés jusqu'ici pour réaliser ce
progrès dans la perversion. L'Arabe est plongé dans
l'erreur, sa religion est abrutissante, et lui-même est
encore une sorte de barbare. Tout cela est vrai, mais
enfin il adore Dieu, et son regard plonge dans l'éternité;
vers laquelle il marche avec tremblement, mais aussi avec
espérance. Eh bien! tel qu'il est, avec ses préjugés, ses
défauts, son ignorance, ses vices même et sa naïve gros-
sièreté, je le place infiniment au-dessus de certains per-
sonnages, si grands et si savants qu'on les fasse, qui ne
savent plus prier Dieu, et dont la pensée n'interroge l'a-

(1) Situation de l'administration des populations arabes dans
l'Algérie pendant l'année 1856.

venir qu'avec l'espoir de le trouver vide et sans écho. Tous ceux qui sont persuadés que l'homme a une destinée plus haute que celle du melon seront de mon avis.

Je pourrais m'étendre davantage sur ce sujet, à quoi bon? Je crois en avoir dit assez pour démontrer que notre ignorance des préjugés religieux des indigènes, sans parler du reste, nous a fait commettre des fautes qu'on peut dire graves, à cause des conséquences désastreuses qu'elles ont produites, et que, sous ce rapport, notre éducation est encore loin d'être complète. Si je ne craignais d'être blessant, j'ajouterais que ce sont nos propres préjugés qui la retardent; tant que nous voudrons, en effet, juger les Arabes avec nos idées, nous ferons fausse route; tâchons, au contraire, de nous identifier un moment avec les leurs, et tout deviendra clair et lucide pour nous, car alors nous *connaîtrons* et nous *comprendrons* ces hommes si étranges et si intéressants à la fois.

Je passe aux fautes que nous avons commises par *excès de générosité* à l'égard des indigènes de l'Algérie. Si celles dont je viens de parler sont *graves*, celles-ci, bien plus nombreuses, quoique fort honorables pour nous, sont *lamentables* au point de vue de l'avenir de notre conquête. Je ne m'occuperai que des principales.

Notre premier tort a été de vouloir traiter les Arabes comme les vaincus d'un peuple civilisé : générosité peu appréciée, car, certes, ils ne l'eussent pas eue pour nous, et qu'ils ont interprétée à notre désavantage. L'Arabe ne comprend pas la guerre, à moins qu'elle ne soit *enva-*

hissante et convertissante ; toute leur histoire est là pour le prouver. Ils s'attendaient donc généralement à être traités de la même manière. Aussi leur stupéfaction a-t-elle été grande, quand ils ont vu que nous nous abstenions du pillage, que nous ne nous emparions pas gratuitement des propriétés à notre convenance, que nous leur laissions la jouissance de leurs mosquées, et surtout que nous ne parlions pas plus de religion que s'il n'y en avait pas eu au monde. Cette conduite, toute naturelle, si nous avions eu affaire à des Prussiens, par exemple, leur parut phénoménale, et ils ne purent l'expliquer que par leur éternel *mektoub (c'était écrit)* !

En effet, *c'était écrit* dans la capitulation qui nous avait livré Alger, et nous savons par expérience quel cas les Arabes font des traités quand ils les gênent; ils pensaient que nous agirions avec le même sans-façon. Cette capitulation, signée par le dey, pour la ville d'Alger et pour lui, avait une certaine raison d'être, mais étendue ensuite à tous les habitants de la Régence, elle était un énorme anachronisme. L'indigène est toujours le barbare du VIIIᵉ siècle ; le temps n'a eu aucune prise sur lui, il est resté stationnaire, accroupi dans son fatalisme. Mais notre parole était donnée, la France avait engagé sa foi, l'honneur comme la conscience exigeait que les clauses de cette capitulation fussent strictement exécutées.

Très-bien. Mais combien de fois, depuis le 4 juillet 1830, jour où elle a été consentie, les Arabes de toutes les parties de l'Algérie ne l'ont-ils pas lacérée et violée ? Or, du jour où une tribu s'est révoltée contre l'ordre de

choses établi, nous redevenions libres, du moins à son
égard ; elle avait elle-même déchiré le pacte qui la pro-
tégeait, et nous avions alors le droit incontestable de lui
imposer de nouvelles conditions. Ces conditions, pour
qu'elles ne tournassent pas à notre détriment, devaient
être en rapport avec son état de civilisation, et par conséquent sévères ; d'autres n'eussent pas été comprises.
Surtout pas de sang froidement versé, pas de têtes cou-
pées, laissons ces honneurs aux indigènes, le sang appelle le sang, et tout individu tué par nous devient un
martyr qui crie contre nous. Mais, pour que le châtiment fût cruellement senti, quoique exercé d'une façon
moins brutale, et nous devînt profitable pour l'avenir,
il devait frapper avant tout dans le vif de la nationalité,
je veux dire sur les familles influentes, la religion et la
langue.

Les chefs de la tribu avaient-ils suivi ou provoqué la
défection des leurs? Il fallait tout d'abord les déporter
en France et imposer à leurs tentes ou à la tribu l'obli-
gation de les y nourrir ; cela fait, il ne devenait nullement
nécessaire de déplacer l'autorité, chose toujours chan-
ceuse ; une sage politique nous conseillait, au contraire,
de la maintenir dans la même famille, si quelqu'un de
ses membres se trouvait en âge et capable de l'exercer.
Les Arabes, qui ont généralement le sens droit, eussent
compris et apprécié cette justice qui se serait bornée à
sévir contre les coupables le plus en évidence et les
plus responsables, et en eussent été singulièrement
frappés. Cela n'eût point empêché les contributions
forcées, il faut que la guerre se paie. Il fallait traiter de

la même façon les marabouts signalés par leur fanatisme ; quand il s'agit d'eux, aucune erreur n'est possible, car ils nous sont tous particulièrement hostiles. Ce
mode de châtiment, qui emporte avec lui quelque chose
d'étrange et de mystérieux, eût bien autrement terrifié
ceux qui auraient été tentés de les imiter, que toutes les
rigueurs que nous avons pu déployer contre eux jusqu'ici. En outre, ces hommes, vivant en France et en
contact journalier avec nous, auraient sans doute vu
disparaître quelques-uns de leurs préjugés ; en tous cas,
ils devenaient, entre nos mains, des otages précieux et
une certaine garantie de la fidélité de leurs familles. Ils
auraient pu d'ailleurs correspondre avec elles en toute
liberté.

Quant aux agitateurs de moindre importance, ils eussent été internés dans une de nos colonies pénitentiaires
jusqu'à ce qu'ils eussent appris à travailler et à se suffire.
On eût pu faire de quelques-uns d'excellents serviteurs,
car l'Arabe, pris isolément, s'attache facilement et il est
alors dévoué jusqu'à la mort. Les officiers français qui
commandent les spahis et les turcos en ont eu plus d'une
fois, et dans de terribles rencontres, des preuves élo-
quentes.

Il fallait, quand il se trouvait une *Zaouïa* dans une
tribu insurgée, la détruire sans pitié, en disperser les
élèves *et n'en plus jamais permettre la réouverture.* C'est
là que se recrutent les marabouts et ces lettrés (*tolbas*)
aussi ignorants qu'orgueilleux qui vont ensuite au sein
des populations semer l'agitation, réchauffer la haine
du nom chrétien, écrire ces amulettes magiques qui

doivent préserver de tous les maux, et surtout *rendre impuissantes les balles françaises.*

Il fallait de même proscrire et fermer *à tout jamais* les petites écoles. C'est là que les enfants apprennent, non pas leur langue, car le maître le plus souvent en ignore lui-même les principes, mais le *Koran.* Or, le Koran est notre plus grand et plus implacable ennemi (1). En Algérie, il doit donc disparaître de l'enseignement.

Il fallait, partout où cela était possible, les remplacer par des écoles *françaises* dirigées par des hommes revêtus de *l'habit religieux ;* affecter à ces écoles les fondations musulmanes, et, à défaut de revenus suffisants, imposer à la tribu ou au village les dépenses d'entretien de cette création. — Je dis : *revêtus de l'habit religieux.* Qu'on ne se récrie pas avant de me lire. Tous ceux qui ont habité l'intérieur de notre colonie savent que l'Arabe ne professe pas une vénération très-profonde pour ceux qui portent le costume bourgeois, et qu'il nomme des *merkantis ;* ils n'ignorent pas davantage que tous ceux, officiers ou autres, qui portent un képi, n'occupent pas une place très-distinguée dans son affection (2). Certes, je n'en veux faire un reproche à personne, mais la situation est telle, et il est impossible de

(1) Voir, à la fin, la lettre si curieuse, comme doctrine musulmane, de M. l'abbé Sauve.

(2) J'avoue que j'ai été plus que surpris en lisant, dans la *lettre de l'Empereur,* p. 14, en note, ce passage d'une lettre écrite par une personne très-versée dans les affaires arabes :

Les Arabes aiment l'autorité militaire! et le reste. Il y a là un petit alinéa qui renferme, à mon avis, presque autant d'erreurs que de mots.

a nier. Si maintenant on se rappelle ce que j'ai dit de l'incontestable prestige qui entoure le marabout chrétien, chez les indigènes, on comprendra la raison qui m'a fait écrire ce qu'à première vue, même de bons esprits auraient pu prendre pour *une énormité*. En ce moment (je supplie qu'on n'aille pas plus loin que ma pensée!) le *frère*, puisqu'il faut l'appeler par son nom, n'est pas pour moi le représentant d'un drapeau, mais un instrument, *le seul* qui aurait été accepté sans trop de répugnance et dont l'école eût été volontairement fréquentée ; tandis qu'en se servant d'un laïque, d'un *merkanti*, à moins de recourir à des moyens violents, ce qu'il faut éviter, elle eût été parfaitement vide (1). On sait, et j'ai pu le constater moi-même, avec quelle facilité les enfants arabes apprennent à lire notre langue et avec quelle pureté d'accent ils la parlent.

Il fallait interdire aux Arabes qui avaient une fois pris les armes contre nous le pèlerinage de la Mecque. C'eût été là pour eux un châtiment terrible et dont nous aurions tiré plusieurs avantages. D'abord, leur orgueil personnel en eût été cruellement humilié, car il ne leur eût plus été possible de se parer de ce titre de *hadji* dont ils sont si fiers et qui les grandit aux yeux de leurs coreligionnaires ; ensuite, le désir de ce voyage au tombeau du prophète si fatal à la civilisation, n'étant plus sans cesse réchauffé par les poétiques récits de ceux qui en seraient fraîchement revenus, se fût peut-être à la lon-

_____

(1) Je parle toujours de vrais Arabes, et non de ceux qui habitent nos villes.

gue attiédi ou éteint dans leur cœur; enfin, nous eussions coupé court aux influences pernicieuses, à cette
recrudescence de fanatisme que les indigènes en rappor-
tent toujours, et nous les eussions préservés des excitations malveillantes auxquelles ils sont en butte de la
part des schérifs, nos ennemis acharnés. On comprend
d'autant moins que l'administration n'ait pas pris cette
mesure qu'elle sait parfaitement que le mot d'ordre des
insurrections qui s'élèvent contre nous part presque
toujours de la Mecque et du Maroc.

Il fallait.... bien d'autres choses! mais il est impossible de tout dire et j'ai déclaré que je me bornerais aux
principales (1).

Que nous a-t-il donc manqué pour adopter cette ligne
de conduite, si sage en face d'un tel peuple, et dont
nous eussions tiré pour l'avenir de notre colonie de si
grands bénéfices? Hélas! une seule chose, car nous
avions tout le reste :

Nous avions d'abord le droit, le droit inexorable de
la guerre qui livrait à notre merci les hommes et les

_____

(1) Encore un fait à ajouter aux précédents : Un Arabe vient
demander chez le concessionnaire d'une forêt de chênes-liéges ce
qu'il faut faire pour sa femme, dans un état de maladie tel qu'elle
cherche à se briser la tête contre les murs. Madame Em. Gaultier de
Claubry offre de la visiter avec sa mère, la trouve dans un accès
de fièvre chaude, lui procure des secours, lui administra du sulfate
de quinine, y retourne à plusieurs reprises et reçoit mille béné-
dictions de cette femme qui, convalescente, lui baisait les mains et
se serait prosternée devant elle, mais qui, à peine la visiteuse
hors du gourbi, murmurait contre elle mille imprécations et cra-
chait sur le seuil pour le purifier du contact d'une chrétienne.
Bien différents se sont toujours montrés les Kabyles.

choses, droit d'autant plus strict, qu'il tombait, non plus seulement sur des vaincus, mais sur des rebelles obstinés.

Nous avions, de plus, la justice, cette justice qui consiste à se défendre, par tous les moyens avouables, contre de criminelles agressions, et à mettre son ennemi dans l'impuissance de nuire.

Nous avions encore nos traditions. La France, en effet, a été chez tous les peuples le porte-flambeau de la civilisation, l'adversaire constant de la barbarie, ce qui lui a valu l'incomparable gloire d'être appelée *le soldat de Dieu.* Aussi, en forçant les portes de la Chine et du Japon, et en s'emparant de la Cochinchine, elle n'a fait que continuer sa mission providentielle. Mais pourquoi donc s'est-elle arrêtée en présence de ces autres barbares qui se nomment les Arabes? Pourquoi, elle qui, chez des nations plus avancées, a brisé les barrières qui se dressaient devant le progrès dont elle est l'apôtre, n'a-t-elle pas contraint ceux que la conquête avait faits siens à sortir de leur immobilité séculaire? Certes, s'il est jamais permis d'user d'une pression morale pour atteindre un but utile, c'était bien le cas de l'employer. Il ne s'agissait pas ici d'une Pologne à détruire, fait inique qui crie devant les hommes et devant Dieu, la France eût reculé d'horreur au seul soupçon d'une pareille tentative ! Non, mais il s'agissait de remplir un rôle digne de sa grandeur et de son glorieux passé : amener des muets à parler, des sourds à entendre, des aveugles à voir, des boiteux à marcher, et à entrer avec nous dans la lumière dont notre patrie est le foyer; il s'agissait, en un mot, de faire des Arabes, qui sont en retard de mille ans, ou du moins de leurs enfants, des hommes du XIXᵉ siècle. Voilà ce que nous prescrivaient nos traditions d'accord avec l'humanité bien entendue et nos véritables intérêts.

Si nous avions pour nous le droit, la justice et nos traditions, nous avions aussi la puissance, cette puissance qui pouvait prêter à notre droit son bras, à notre justice sa force, et servir de moyen à la poursuite de nos traditions. Ainsi Dieu nous avait donné tout ce qui peut assurer le succès en ce monde, et par un étrange renversement des choses, en face des Arabes, notre droit est resté lettre morte, et nous avons laissé dormir nos traditions.

Encore une fois, que nous a-t-il donc manqué pour que le contraire arrivât? Je l'ai dit : une seule chose, mais capitale, et sans laquelle échouent ou se traînent misérablement les plus nobles desseins ; cette chose, c'est la fermeté dans l'exécution, la constance qui regarde imperturbablement devant soi, jamais en arrière, et l'audace qui pousse au but, quelles que soient d'ailleurs les résistances de ceux qui momentanément en pâtissent, les protestations et les cris de ceux qui ne le comprennent pas, en un mot, *le courage de la volonté*.

Qu'on veuille bien ne pas se méprendre, et ne pas prêter à mes paroles une signification que je ne leur donne pas. Je ne veux pas dire que la vigueur, la fermeté, la constance, l'audace et toutes les vertus dont se compose le courage guerrier nous fassent défaut; ah ! de celui-là, nous pourrions en céder beaucoup à nos ennemis, et il nous en resterait encore assez pour les battre, mais ce n'est pas de cette sorte de courage qu'il est ici question. Le courage dont je parle n'a rien des emportements de la valeur, il est au contraire calme, impassible, raisonné, positif et froid comme un théorème de géométrie. C'est celui de l'Angleterre en face des gémissements de l'Irlande qui se débat sous sa main puissante ; c'est celui de la Russie en présence de la Pologne qui se meurt écrasée sous les pieds des Cosaques. Dieu me garde d'avoir la pensée d'établir ici un rapprochement qui serait pour nous aussi injuste que blessant ; notre but est tout autre en Afrique, et sans rougir, nous pouvons l'avouer hautement, mais il faut bien le confesser, le courage de cette volonté qui maintient ces deux peuples dans une voie qui, tôt ou tard, à moins d'un miracle de Dieu, les conduira à leurs fins ; ce courage, nous n'avons pas voulu jusqu'à présent l'avoir. Nous serions peut-être flattés qu'on nous prît pour des hommes positifs, et, sous ce rapport, nous jalousons les Anglais ; mais nous avons beau faire, nos actes crient chaque jour contre cette ambition, et en dépit de nos velléités d'imitations britanniques, nous nous retrouvons toujours ce que notre éducation chrétienne nous a faits, la plus généreuse des nations qui soient sous le soleil. Si cette magnifique prérogative fait partout ailleurs notre gloire et nous est une force immense, en présence des Arabes elle est une faute et une faiblesse. Hélas ! nous les avons, et nous persistons à agir comme si nous devions recueillir autre chose d'eux que l'ingratitude ! Il en a toujours été ainsi ; la France a toujours été possédée de cette sainte et admirable folie de la miséricorde après la

victoire. Cela est sans doute très-beau, très-noble, très_
grand, mais pourtant, si nous *voulons* sérieusement atteindre la fin, il aurait fallu nécessairement *vouloir* aussi
les moyens. Il n'y avait ici qu'une route à suivre, la nature des choses elle-même l'indiquait. Laissons le sentiment aux amateurs d'idylles, les indigènes n'en font
guère, et parlons raison. Tout nous prescrivait d'anéan-
tir lentement la nationalité arabe en la frappant avec
prudence, mais sans relâche, dans ce qui en fait surtout
la puissance, la religion et la langue.— Quand il n'y aura
plus que des chrétiens grecs à Varsovie et que le polonais
y sera oublié, ce jour-là l'*ordre* y régnera véritablement,
car il n'y aura plus de Pologne. – Eh bien! il semble
que le mot des indigènes soit vrai, et que *Dieu nous
aveugle*, car nous avons fait précisément tout le contraire.
Au lieu de chercher à détruire cette nationalité, nous
avons veillé sur elle avec un soin jaloux, nous l'avons
flattée, choyée, réchauffée dans notre sein comme un enfant bien-aimé; plutôt que de faire tomber les barrières
qui nous séparent de l'indigène, de préparer pour l'avenir
cette *fusion*, cette *assimilation* des deux peuples, sans laquelle nous n'aurons jamais de paix en Algérie, nous avons
mis tout en œuvre pour maintenir debout ces barrières
et éterniser les obstacles qui se dressent entre les Arabes
et nous. Tout ce qui tenait à ce peuple était devenu une
sorte d'arche sainte à laquelle il eût été sacrilége de toucher. N'est-ce pas là une de ces aberrations étranges qui
nous font accuser d'*ineptie* par les indigènes eux-mêmes?
Ainsi jusqu'en 1832 nous n'avions pas une seule église à
Alger, et nous mettions tant de zèle à entretenir, à réparer,

à embellir et à bâtir des mosquées, que nous en avons
même construit une dans une ville toute chrétienne, Philippeville, où il n'y avait pas d'Arabes. Sous les deys, pendant le ramadan (1), on tirait matin et soir le canon pour
annoncer aux musulmans qu'ils devaient commencer ou
qu'il était l'heure de rompre ce jeûne sévère; cet usage,
nous l'avons précieusement conservé; dans les premiers
temps de la conquête, si un Arabe était « surpris en vio-
« lation du ramadan, ses coreligionnaires l'assommaient en
« pleine place d'Alger; l'autorité française intervenait,
« mais pour mettre l'assommé en prison (2); » nous trans-
portions chaque année, à grands frais, des cargaisons de
pèlerins de toutes les classes à la Mecque, pèlerins qui
devaient en revenir plus hostiles contre nous qu'avant
de s'y rendre. Nous le savions, mais il fallait ne pas gêner les Arabes dans leurs pratiques religieuses. Je me demande de quels joyeux éclats de rire on eût accueilli,
dans les bureaux, un pauvre chrétien qui, enhardi par cet
excès de bonté, y serait venu solliciter le moyen d'aller
à Jérusalem vénérer le tombeau de Jésus-Christ?

Pourquoi encore ces primes données à nos employés
pour la langue arabe? N'est-ce pas plutôt aux indigènes
qu'il faudrait les offrir pour la langue française? Pourquoi cette création d'écoles arabes d'enseignement supérieur? Création plus que superflue. Encore si nous y for-
mions des instituteurs arabes pour l'enseignement de la
langue française, à la bonne heure! Pourquoi cette école

(1) Carême musulman.
(2) La nouvelle église d'Afrique, par M. l'abbé Marty. (*Corres-*
vondant du 25 septembre 1860.)

de mousses arabes où les Européens ne peuvent pas entrer ?

Pourquoi enfin, car ces pourquoi seraient éternels, pourquoi surtout cette création inexplicable d'un lycée arabe-français, lorsque nous avions à Alger un lycée français où les indigènes étaient admis? L'Arabe, toujours l'Arabe ! singulière politique ! Que dirions-nous d'un cultivateur qui, voulant arroser son pré, ne lèverait pas d'abord les vannes, et s'étonnerait ensuite de ne pas voir l'eau couler? Eh bien ! nous sommes, en Afrique, sous plus d'un rapport, ce laboureur malavisé. Chaque jour nous nous heurtons à la nationalité arabe, chaque jour nous la maudissons comme l'écueil de notre conquête définitive, et au lieu de prendre à tâche de la détruire, comme le veut le bon sens, nous lui insufflons la vie, et nous l'entretenons avec une affection qu'on dirait paternelle : par sa religion que nous favorisons, quoiqu'elle enseigne la haine contre nous; par sa langue que nous paraissons craindre de voir passer à l'état de langue morte, quoiqu'elle soit la langue des marabouts et du Koran, — et nous nous étonnons *que l'eau ne coule pas*, — que l'indigène ne change pas, — que la civilisation ne l'envahit pas, — que son éloignement pour nous est toujours aussi invincible, en un mot, qu'il reste arabe comme devant ! Faisons donc disparaître l'obstacle, ouvrons les vannes, essayons, persistons, ayons *le courage de le vouloir*, et peut-être que l'eau coulera enfin.

Ah ! j'entends d'ici un gros mot qu'on va me jeter à la tête... Et la tolérance, qu'en faites-vous donc? Lorsque les Arabes seront nos égaux en civilisation, je me hâterai de lui ouvrir la porte. En attendant, *abeat quò libue-rit!* La tolérance est, en effet, un non-sens, quand il s'agit des indigènes, car ils la comprennent encore moins que la générosité. Est-ce qu'on ne se souvient plus qu'ils faisaient un crime à Abd-el-Kader lui-même, leur enfant gâté et leur idole, d'avoir traité avec les Français *infidèles* (1)? Si l'on veut absolument que j'aie pour eux de la tolérance, je dirai comme Alphonse Karr à ceux qui s'élèvent contre la peine de mort : « Je ne demande pas mieux que de l'abolir, mais que les assassins commencent.» Jusque-là la loi doit rester armée. Et quels sont ceux qui me prêchent la pratique de cette vertu à l'égard de pareils fanatiques, incapables même de pitié? Des hommes, fort honnêtes sans doute, mais qui ne connaissent les Arabes que par la lecture des revues et des journaux, qui fourmillent d'erreurs le plus souvent, et dont les appréciations ne sont que le reflet de l'esprit politique qui les dirige? Et les journalistes, et les écrivains, même ceux qui ont visité notre colonie, que savent-ils des indigènes? Auront-ils appris à les pénétrer, parce qu'ils seront allés d'Alger manger des oranges à Blidah et admirer les gorges de la Chiffa? Admettons, et ce serait héroïque, qu'ils aient traversé le Sahara et que Laghouat les ait vus se reposer à l'ombre de ses palmiers : après? Que ces messieurs en aient rapporté de charmantes impressions de voyage, je n'en fais pas un doute, mais la science requise pour formuler un

(1) Tableau de la situation des établissements français de l'Algérie en 1838, p. 22.

jugement sérieux sur les difficultés de la question arabe, cela, et ce n'est pas une offense, je le nie formellement. Pour être compétent en pareille matière, il faut d'autres études, et celles-là ne se font ni sur les grandes routes, ni dans le silence du cabinet, mais sous la tente, au milieu des indigènes, par des observations de chaque jour et dans des conditions qu'un marabout chrétien, à part de très-rares exceptions, peut seul posséder. L'indigène, en effet, ne le redoute, ni le déteste, il le respecte et il l'aime, il s'ouvre donc franchement à lui. Ce que je dis ici des journalistes, des écrivains, s'applique également aux touristes et à tous les voyageurs qui ne font que passer dans le pays.

Quand on parle de tolérance à l'endroit des Arabes, à mon avis, c'est faire preuve d'ignorance et vouloir que la France reste le fusil chargé jusqu'à la fin du monde. Hélas! nous ne l'avons été que trop tolérants! On peut affirmer que nous avons poussé cette vertu jusqu'aux extrêmes limites où elle peut aller, à l'abnégation la plus complète, à l'humiliation la plus profonde, puisqu'au nom de la tolérance, nous ne voulions plus même *tolérer* dans les hôpitaux l'image du Christ, que les indigènes vénèrent cependant presqu'à l'égal de Mahomet. Qu'y avons-nous gagné? Le mépris des Arabes qui n'ont vu alors en nous que des mécréants. Voilà, jusqu'à ce jour, le plus clair des bénéfices que cette tolérance, qui se trompait de lieu et de date, nous a valus. Pourquoi donc continuerions-nous bénévolement à jouer ce rôle aussi ingrat que ridicule? Il faut en finir; plus de ménagements hors de saison; que l'indigène apprenne enfin que, si jusqu'ici nous avons été *aveugles*, c'est parce que nous ne voulions pas voir, que si nous lui avons paru *incapables*, c'est parce que notre seule bonté nous empêchait de le traiter suivant ses mérites; et qu'à partir de sa première révolte, il *sente* que nous sommes fatigués d'être inutilement miséricordieux, et que, pour lui, l'heure de la justice a sonné.

Je pourrais continuer longtemps encore, mais j'ai promis de ne pas être long.

Aujourd'hui que le doute n'est plus possible, que les appréhensions manifestées par les journaux se sont réalisées, et que ce qu'on m'avait personnellement raconté de l'évacuation probable du Sud se trouve confirmé par l'autorité la plus souveraine, je l'avoue avec une profonde douleur, à l'ordre presque parfait qui règne maintenant dans notre colonie, grâce à d'héroïques efforts, je tremble de voir succéder le chaos, chaos sanglant dont nous ne sortirons qu'en rétablissant, quelque dispendieux que ce soit, ce que nous aurons détruit.

Qu'on interroge tous les hommes pratiques, ceux qui ont été aux prises avec les difficultés de l'Algérie, et auxquels aucune considération morale ou matérielle ne ferme la bouche, et tous répondront que cette expérience, car *ce ne peut être qu'une expérience*, sera préjudiciable à la gloire du chef de l'Etat aussi bien qu'à l'avenir de notre colonie. Je ne voudrais pas être un prophète de malheur, mais, si je l'osais, j'affirmerais, et avec tout le respect possible, que l'Empereur pourrait bien la regretter un jour et la France la payer cher.

Il m'a paru utile de reproduire ici l'intéressante lettre

de M. l'abbé Sauve (1). Cette lettre, qui complète en quelque sorte mon travail par des textes éloquents, a été publiée par le *Courrier du Dimanche* du 9 octobre dernier. Qu'on veuille prendre la peine de la lire avec toute l'attention qu'elle mérite, et l'on se convaincra que je n'ai rien avancé que de vrai en affirmant que le Koran est, en Algérie, notre ennemi le plus implacable, et qu'une sage politique nous conseille de le proscrire de l'enseignement arabe.

Camps (Var), 19 septembre 1865.

Monsieur le rédacteur,

Veuillez me permettre quelques observations au sujet du remarquable article que vous ont inspiré les récents désastres de l'Algérie.

Il est dans vos appréciations, du reste parfaitement justes, un point de vue que vous laissez tout à fait dans l'ombre, et où vous eussiez cependant trouvé la seule solution possible du grand problème qui vous préoccupe.

Si les Arabes n'ont pas cessé d'être nos ennemis ; si, après trente-cinq ans de gloire, de sacrifices et de bienfaits, ils nous gardent cette haine sourde, mais profonde, implacable, que rien n'a pu encore apaiser, et dont notre générosité elle-même semble fatalement surexciter le fanatisme ; si, comme vous le constatez avec beaucoup de raison, *ils ont répondu, en 1864, par l'insur-*

(1) Ancien curé de Blidah, et qui m'a autorisé à me servir de sa lettre.

rection et l'incendie au sénatusconsulte constitutif de leur droit de propriété, et si maintenant il est plus que permis de craindre qu'ils n'aient répondu *à toutes les marques de bonté reçues de l'Empereur dans son dernier voyage,* en promenant *l'incendie et la dévastation* sur quatre-vingts lieues de côtes jusqu'aux portes mêmes d'Alger, et en détruisant, *au même jour et presque à la même heure, plus de deux cent mille hectares* de nos plus riches exploitations forestières, c'est surtout parce qu'ils sont musulmans et que nous sommes chrétiens !

Pour qui connaît l'Algérie et a tant soit peu vécu avec les Arabes, c'est là une vérité élémentaire, un fait de la plus palpable évidence, et dont il faut absolument tenir compte.

L'Arabe est essentiellement religieux ; sa foi est ardente comme sa nature. Il nous hait donc parce que le Koran, qui est à ses yeux un livre divin, lui fait un devoir de nous haïr ; il nous fait la guerre parce que la guerre aux infidèles, et très-particulièrement aux *gens d'Ecritures* (les juifs et les chrétiens), est le plus droit chemin de ce *paradis* de délices charnelles dont le *Prophète* lui a tracé les plus séduisantes et les plus lubriques peintures.

Il est inutile de nous faire illusion à ce sujet ; là est la vraie cause de ce malaise étrange contre lequel notre belle colonie se débat depuis si longtemps dans d'héroïques et stériles efforts.

Méconnaissant notre mission providentielle vis à vis de ce pauvre peuple, nous avons placé en tête de tous nos systèmes les plus admirablement combinés qu'il ne serait rien fait pour le retirer de l'erreur, pour tarir dans sa source la haine aveugle dont il nous poursuit. Plus que cela, nous avons pris son Koran sous notre protection ; nous payons des maîtres pour le lui enseigner, des imans et des muphtis pour lui en prêcher, plus ou moins ouvertement, sous des formules plus ou moins hypocrites , les doctrines funestes. Nous lui accordons à grands frais des passages gratuits sur les paquebots de l'Etat, pour qu'il aille tous les ans raviver son fanatisme sur le tombeau du *Prophète*. Et nous nous étonnons des déceptions douloureuses, des solennels démentis que nous ménage si peu une expérience déjà beaucoup trop longue! Nous faisons appel à des réformes, à des expérimentations nouvelles, toutes aussi peu rassurantes que leurs devancières, parce qu'elles sont assises sur la même base et travaillées du même vice originel!... Eh bien ! dût notre franchise paraître excessive, c'est là, selon nous, de la contradiction et de l'inconséquence !

On dirait vraiment, à nous voir, que le Koran est pour nous un livre fermé. Pourtant la haine la plus outrée, les excitations les plus violentes au meurtre, à la guerre contre les infidèles, s'y produisent au grand jour, presque à chaque page, et ne peuvent manquer de fournir abondante matière au zèle du *clergé musulman,* comme dirait agréablement le *Siècle.* Citons au hasard quelques-uns des textes de ces *pieuses homélies.*

« Il n'y a point auprès de Dieu d'animaux plus vils que ceux qui ne croient pas et qui restent infidèles. (Chapitre le Butin, v. 22 et 57.)

« Vous ne verrez aucun de ceux qui croient à Dieu aimer l'infidèle qui est rebelle à Dieu et au prophète. (La Plaideuse, v. 22.)

« O croyants ! ne prenez point nos ennemis pour amis. (Mise à l'épreuve, v. 1.)

« Ne prenez point d'amis parmi les infidèles. (Les Femmes, v. 143.)

« Infidèle est celui qui dit : Dieu, c'est le Messie, fils de Marie... Infidèle, quiconque associe Dieu à d'autres dieux... Infidèle est celui qui dit : Dieu est un troisième de la Trinité. (La Table, v. 76, 77, 79.)

« O croyants ! ceux qui associent (*à Dieu d'autres dieux*) sont immondes. (L'Immunité, v. 28.)

« O croyants ! ne prenez point pour amis les juifs et les chrétiens : Dieu ne sera point le guide des pervers. (La Table, v. 56.)

« Que la malédiction de Dieu atteigne les infidèles (*les juifs et les chrétiens*). (La Vache, v. 83.)

« Combattez donc les suppôts de Satan. (Les Femmes, v. 78.)

« Au nom de Dieu clément et miséricordieux !

« O prophète ! fais la guerre aux infidèles et aux hypocrites ; sois sévère à leur égard. (La Défense, v. 9.)

« Excite les croyants au combat. Vingt hommes fermes d'entre eux terrasseront deux cents infidèles, cent en mettront dix mille en fuite. (La Défense, v. 66.)

« Faites la guerre à ceux d'entre les hommes des Ecritures (*les juifs et les chrétiens*), qui ne professent pas la croyance de la vérité. Faites-leur la guerre jusqu'à ce qu'ils soient humiliés. (La Femme, v. 29.)

« Voici la proclamation de la part de Dieu et de son prophète... Les mois sacrés expirés, tuez les idolâtres partout où vous les trouverez, faites-les prisonniers, assiégez-les, et guettez-les à toutes les embuscades ; mais s'ils se convertissent, s'ils obéissent à la prière... alors laissez-les tranquilles. (La Défense, v. 3, 5.)

« Lorsque vous rencontrerez des infidèles, tuez-les et faites-en un grand carnage. (Mohammed, v. 4.)

« Ce n'est pas vous qui les tuez, c'est Dieu (Le Butin, v. 17.)

« Tuez-les partout où vous les trouverez, et chassez-les d'où ils vous ont chassés. (La Vache, v. 187, 188.)

« Combattez-les jusqu'à ce qu'il n'y ait plus d'autre culte que celui du Dieu unique. (Le Butin, v. 40.)

« Vous avez coupé quantité de leurs palmiers... Ce fut avec la permission de Dieu, pour abaisser les impies. (L'Emigration, v. 5.)

« Si vous ne marchez au combat, Dieu vous châtiera d'un châtiment terrible.

« S'il meurt quelqu'un d'entre eux (*ceux qui ont refusé d'aller à la guerre sainte*), ne prie point pour lui, ne t'arrête point sur sa tombe, car ils sont criminels. (Le Repentir, v. 39, 85.)

« O croyants ! quiconque aura tourné le dos au combat... sera chargé de la colère de Dieu ; sa demeure sera l'enfer. Quel affreux séjour. (Le Butin, v. 12, 16.)

« Ceux qui abandonnent leur pays pour combattre dans le sentier de Dieu (*la guerre sainte*) peuvent espérer miséricorde, car il est indulgent et miséricordieux. (La Vache, v. 215.)

« O croyants ! la récompense que Dieu vous prépare est magnifique. (Le Butin, v. 15.)

« Ceux qui combattent de leurs biens et de leurs personnes occuperont un degré plus élevé devant Dieu ; ils seront bienheureux.

« Leur Seigneur leur annonce sa miséricorde, sa satisfaction, et le jardin où ils goûteront des délices éternelles. (L'Immunité, v. 20, 89.)

Nous ne suivrons pas le voluptueux *Prophète* dans la description des joies sensuelles de son *Paradis*.

Citons seulement en passant : les jardins de délices (l'Evénement, v. 12,), baignés par des courants d'eau (Ordre de la bataille), et couverts de verdure (le Miséricordieux, v. 64). — Les ombrages permanents qui s'étendent au loin, sous lesquels on n'éprouve ni la chaleur du soleil, ni le froid (l'Homme, v. 13). — Les palmiers et les grenadiers (le Miséricordieux, v. 68), les vignes grimpantes, les bosquets de lotus sans épines, et de bananiers chargés de fruits du sommet jusqu'en bas (l'Evénement, v. 27, 28.) — Les bracelets d'argent (l'Homme, v. 76), d'or et de perles (les Anges, v. 30) dont se parent les élus. — Leurs robes de satin vert et de brocart (l'Homme, v. 21). — Les tapis de soie brochés d'or étendus sous leurs pieds (le Miséricordieux, v. 64). — Les coussins de soie et d'or disposés par rangées (le Jour qui enveloppe, v. 15), les siéges resplendissants d'or et de pierreries, les lits élevés (l'Evénement, v. 15, 33) sur lesquels ils se reposent mollement accoudés (l'Evénement, v. 16), se regardant face à face (les Rangs, v. 43), n'entendant que des paroles de paix

(Marie, v. 63). — Les sources du *Paradis* fournissant aux élus les célestes breuvages des eaux de Cafour, de Selsebil (l'Homme, v. 5, 6, 17, 18) et de Tasnim (les Fraudeurs, v. 27, 28). — Les fleuves de lait, dont le goût ne s'altère jamais, — les fleuves de miel pur, les fleuves de vin, doux à boire (Mohammed, 16, 17, 18), dont on n'éprouve ni maux de tête ni étourdissements (l'Evénement, 19), et que les élus boivent dans des gobelets d'argent grands comme des cruches (l'Homme, v. 15 16). — Les fruits délicieux (les Rangs, 41), s'inclinant d'eux-mêmes sous la main qui veut les cueillir (l'Homme, v. 14). — La chair des oiseaux dont les élus furent friands. — Les coupes et les aiguières d'or, dans lesquelles des enfants éternellement jeunes (l'Evénement, v. 17, 21), beaux comme des perles défilées (l'Homme, v. 76), servent à la ronde tout ce qui peut flatter les sens (Ornements d'or, v. 71). — Le vin exquis cacheté d'un cachet de musc (les Fraudeurs, v. 25, 26), et que boivent les élus au bruit du salut fraternel : grand bien vous fasse pour prix de vos œuvres (les Envoyés, v. 43).

— Enfin, et puisqu'il faut en venir à le dire, *les Vierges du Paradis*, en grand nombre (l'Evénement, v. 34, 38, 39), jeunes et belles (les Miséricordieux, v. 70), aux grands yeux noirs et au teint éclatant comme une perle dans sa conque (les Rangs, v. 47), semblables à l'hyacinthe et au corail (le Miséricordieux, v. 58), chéries de leurs époux et créées pour eux par une création à part (l'Evénement, v. 36). Puisse cette voix du ciel, faisant entendre ces paroles : Voici ce qu'on vous promettait pour le jour du compte (Sad, v. 53); le paradis que vous avez gagné par *vos œuvres !* (El-Araf, v. 41.) — Et enfin cette conclusion toute naturelle : O croyants! si vous assistez Dieu *(contre les infidèles)*, lui vous assistera aussi, *(c'est-à-dire tous ces biens sont à vous ! ! !)*. — Pas de paix avec les infidèles, quand vous serez les plus forts (Mohammed, v. 8, 37). — En vérité, c'est un grand bonheur *(dont jouissent les élus)* : à l'œuvre donc, travailleurs, pour en mériter un pareil (les Rangs, v. 59)! c'est-à-dire mort aux infidèles, si vous le pouvez ! ! !

Voilà où nous en sommes avec nos Arabes ; une infranchissable barrière les sépare de nous... la conscience ! — Quoi que nous fassions pour eux, ils doivent nous garder une haine implacable. — Appelons à notre aide, tant que nous le voudrons, les combinaisons les plus habiles de nos systèmes les mieux entendus , épuisons toutes les ressources de cette science du progrès qui entend se passer de Dieu, et à laquelle aucune leçon ne profite, nous pourrons amoindrir le mal, mais en face de nous se dressera toujours ce redoutable obstacle, contre lequel viendront infailliblement se briser nos plus légitimes espérances.

Sans doute, il y aura des exceptions. Dans une foule de cas particuliers, le fanatisme musulman s'avouera vaincu par notre générosité chrétienne ; mais la masse de nos Arabes n'oubliera jamais, avec sa vieille haine, les rigoureux devoirs de la conscience et les délices de leur Eden. — Jamais, pour nous complaire, ils ne voudront se résigner tranquillement à s'en aller dans l'enfer des impies et des traîtres, entre des murs de feu (la Caverne, 28), dans l'ombre d'une fumée noire (l'Evénement, 43) et au milieu des flammes (le Miséricordieux, 44), recevant sur leurs têtes le tourment d'eau bouillante (la Fumée, 48), couverts de tuniques de poix (Abraham, 51) et chargés de chaînes de 70 coudées, se rassasier éternellement de pus (le Jour inévitable, 32, 36), se remplir le ventre des fruits de Zakoum (l'Evénement, 52, 53) qui bouillonnent dans les entrailles comme du métal fondu (la Fumée, 45), et boire de l'eau bouillante (les Rangs, 65) avec l'avidité d'un chameau qui a soif (l'Evénement, 55)..... — Compter là-dessus, c'est prouver qu'on ne connaît pas les Arabes, c'est compter sur l'absurde et l'impossible !

On se plaint de l'impuissance de l'administration militaire à prévenir les tristes résultats de ce fanatisme. Mais que peuvent donc nos soldats contre la foi religieuse de tout un peuple? — La force ne peut rien contre les idées, et les consciences ne se prennent pas d'assaut!

Ne serait-il pas infiniment plus rationnel (*en supposant la chose possible*) d'attaquer le mal à sa source, et de chercher, avec tous les égards de la charité la plus compatissante, à gagner les consciences elles-mêmes; d'y porter la lumière, d'y déposer, en un mot, avec la foi de notre catholique France, le principe de cet amour chrétien qui est appelé à faire de tous les peuples un même peuple de frères?

A quelque point de vue qu'on se soit placé pour étudier ces hautes questions, le résultat ne serait-il pas magnifique? — Voyez plutôt le contraste des Arabes chrétiens du Liban et de leur traditionnel amour pour la France, avec le farouche fanatisme et la haine sauvage des Druses !

On nous dit : Ce serait peine perdue, le musulman ne se convertit pas. — Du reste, que de dangers pour le repos de la colonie!

Ce serait peine perdue! — Eh! s'il vous plaît, qu'en pouvons-nous savoir? — L'avons-nous jamais essayé? — De quel droit trancher de la sorte, sans appel et à première vue, une question de cette importance?...

Le musulman ne se convertit pas! Qu'il soit, par excellence, *l'homme abîmé dans la vie des sens, et qui ne perçoit pas les choses de Dieu,* — *animalis homo* (1), rien de plus vrai. Mais, est-ce pour cela qu'il faut désespérer, et laisser à jamais assis à l'ombre de la mort ces trois millions d'Arabes, enfants de la même patrie, et que la Providence de Dieu n'a pas livrés pour rien à la valeur de nos soldats? — La grâce de Dieu n'est-elle donc plus toute-puissante, et y a-t-il des limites à ces glorieuses promesses faites à l'Eglise : *Allez*, *enseignez tous les peuples... je suis avec vous?*

Le protestantisme anglican, qui est à bout de vie, a pu tout récemment faire de nombreux prosélytes à Constantinople, au centre même de l'islamisme, et nous apprenions un beau jour, par l'intervention de la diplomatie, que ces néophytes d'hier savaient déjà subir noblement l'épreuve de la persécution. — Et nous, prêtres catholiques, qui avons la plénitude de la foi, nous qui avons converti le monde civilisé et fait l'Europe chrétienne ce qu'elle est, nous ne pourrions rien sur nos Arabes! — et l'on viendrait sans plus de façon nous déclarer *à priori*

(1) Saint Paul aux Corinthiens.

radicalement incapables, et comme tels demander qu'on nous mette de côté.

Voilà dix-neuf siècles que nous faisons le métier de *convertisseurs* ; à l'heure qu'il est, nos missionnaires sont partout, opérant partout les mêmes merveilles, portant à tous les peuples l'Evangile de la paix et l'amour de leur chère France. — Et nos Arabes tout seuls auraient le triste privilége d'être absolument inabordables et de se voir repoussés à tout jamais !

Des missions arabes seraient un danger ; la guerre sainte pourrait se rallumer aussitôt. — Ne vient-elle pas de se *rallumer* d'une assez belle manière, malgré notre peur de ces missions ? Convenons-en , ce sont là de pures suppositions, de simples *peut-être*, que démentent des faits péremptoires, et qui, au point où nous en sommes, devraient enfin ne plus entrer en ligne de compte.

Qui ne connaît la touchante vénération de nos Arabes pour le prêtre catholique et la bonne sœur de charité ? — Que de fois, pour notre compte, nous avons eu le bonheur, n'importe dans quelle tribu, d'entendre ces mots si doux à notre cœur de prêtre : *Entsa ghediss, tu es un saint !* — Qu'avions-nous fait pour mériter aussitôt cette affectueuse preuve de confiance ? — Nous avions dit : Je suis marabout chrétien, et j'ai quitté la France parce que vous êtes mes frères. Puis nous avions répondu par un *non* vigoureux à cette inévitable question : *Entsa mzoudy, quaddache moughera ,* es-tu marié, combien as-tu de femmes ? — Or, il y a dans ce fait, selon nous, un précieux élément de succès et comme un magnifique point de départ pour nos missions arabes.

La défaveur si prononcée qui a toujours accueilli l'idée de ces missions ne tiendrait-elle pas avant tout à un malentendu ? — On semble se figurer volontiers le prêtre catholique au beau milieu d'une tribu arabe, prêchant avec grand fracas la fourberie du *Prophète* et appelant nos indigènes à la pénitence. — Ainsi ne procède pas l'Eglise ; l'œuvre de Dieu se fait avec plus de suavité, et la semence de vie a besoin de temps et de repos pour prendre racine.

De bonnes sœurs de charité, toujours prêtes à répondre à l'appel de toutes les infortunes, — le soin des pauvres et des malades, — d'humbles écoles où viendrait qui voudrait, — de paisibles maisons de deux ou trois pauvres prêtres, dont chacun serait libre de venir entendre les douces et saintes paroles — et, par-dessus tout, le bon exemple, la prière et une patience à toute épreuve ; en vérité, y a-t-il là de quoi mettre l'Algérie en feu ? Se faire de tout cela un épouvantail, n'est-ce pas se livrer à des peurs de fantaisie et se donner l'agrément de combattre des chimères ?...

Concluons : il serait temps de ne plus nous obstiner dans une voie qui recèle d'immenses dangers pour l'avenir de la colonie.

La conversion des Arabes couperait court à toutes les difficultés, et n'est nullement impossible.

Fût-ce un beau rêve, à bout de ressources comme nous le sommes, essayons toujours ! Utopie pour utopie, celle-là en vaut bien une autre !

Ne négligeons aucun des moyens humains que peut suggérer une sage politique, rien de mieux ; mais cessons de repousser ce grand moyen de civilisa'ion dont dix-neuf siècles nous racontent les merveilles, et appelons enfin l'Eglise à entreprendre librement ces pacifiques et si glorieuses conquêtes, qui ouvriraient à la colonie une ère d'incomparable prospérité !

Agréez, monsieur le rédacteur, etc.

P. SAUVE, curé,
Chanoine honoraire.

POURQUOI UN JUIF EST APPELÉ *Ben-Djifa* PAR LES ARABES. *Légende.*

Un jour Mahomet, on ne dit pas en quelle année, livra une grande bataille au peuple juif. Elle fut si meurtrière que tous les hommes de cette malheureuse nation y périrent sans exception. La multitude de leurs cadavres jonchait au loin la plaine et comblait les ravins les plus profonds ; jamais désastre plus complet ne s'était encore vu dans les fastes du monde.

La bataille gagnée, Mahomet s'était retiré dans sa tente et priait lorsqu'on vint lui annoncer que les femmes israélites éplorées demandaient à le voir. Il sortit donc. A sa vue, elles jetèrent des cris perçants, se prosternèrent à ses pieds, se couvrant la tête de poussière et déchirant leurs vêtements... Le prophète en eut pitié, car il était bon dans son cœur. — Que désirez-vous ? leur dit-il. — O Seigneur, répondirent-elles avec des hurlements de douleur, que tes jours soient longs et que ta maison se remplisse de biens, mais tu as plongé nos cœurs dans l'amertume ! Notre âme est

comme celle d'un enfant qu'on brise contre la pierre !
nos yeux ne savent que pleurer, et notre voix est
muette, étouffée par nos sanglots ! Qu'as-tu fait ?...
Tous les compagnons de notre couche sont morts ! Les
forts d'Israël sont tombés sous ta main et tu les as dis-
persés comme de la cendre ! Notre sein, frappé de malédiction, n'enfantera plus ! Le nom des fils de Jacob,
avec toute leur gloire, va être effacé de la terre !.. Grâce
pour nous ! Que ton redoutable cimeterre ne se repose
pas encore, à notre tour, frappe-nous ! puisque tu ne
peux nous rendre le plaisir de nos yeux, la joie de notre
cœur, la fécondité de nos entrailles, — donne-nous un
tombeau !

En voyant ce désespoir profond, Mahomet fut ému
au-dedans de lui-même et il eut du chagrin de ce qu'il
avait fait... Il se recueillit quelques instants, puis, élevant
la voix, il dit à ces femmes : — Dieu est grand ! Il est
la main qui distribue les jours et l'épée qui porte la
mort... Tout arrive parce qu'il l'a voulu et rien n'est
impossible à sa puissance... Voici que le soleil décline,
la nuit s'apprête ; allez dormir au milieu des vôtres...
ayez foi en mes paroles, et l'œil du Seigneur sera sur
vous.

Les femmes juives obéirent à Mahomet, et s'en allè-
rent, comme il le leur avait dit, passer la nuit sur le
champ de bataille. — Le lendemain, ô prodige, elles
s'aperçurent qu'elles avaient conçu et que dans le sein
de chacune d'elles germait un homme.

Les filles de Jacob séchèrent leurs larmes, des fils
nombreux réjouirent leur vieillesse par leurs ébats, et,

tranquilles, elles purent regarder dans l'avenir sans effroi : leur nation ne périrait pas !

Cependant, à partir de cette époque, les Israélites déchurent dans l'esprit des autres peuples et eurent beaucoup à souffrir de leur mépris. La conservation merveilleuse de leur nation fut regardée comme un opprobre; et le surnom de *Beni-Djifa*, c'est-à-dire *fils de charogne*, engendrés par la mort, leur fut appliqué (1).

UN JUIF A-T-IL UNE AME?

De mon temps, les juifs n'étaient pas trop malheureux à Laghouat. Les Arabes, il est vrai, ne leur épargnaient pas les injures, mais ils ne les battaient guère qu'une fois la semaine, le vendredi; les infortunés ne s'en plaignaient pas : affaire d'habitude. Je l'ignorais donc; mais un israélite parlant français, étant venu de Médéah ouvrir un magasin à Laghouat, fut justement blessé de cette façon d'agir et s'efforça d'y mettre un terme. A cet effet, il rassembla les plus notables d'entre ses coreligionnaires, et à leur tête il vint me trouver, me priant, après m'avoir exposé leurs griefs, de réclamer en leur faveur près de M. le commandant supérieur du cercle. Je n'y manquai pas, mais cet officier, qui porte un nom avantageusement connu dans les affaires arabes, jugea plus prudent de paraître ignorer les choses et de ne pas intervenir. Je n'insistai pas.

(1) Cette légende n'a jamais, que je sache, été publiée.

Le vendredi suivant, *jour de la prière*, j'allai me promener dans la rue où se trouve la mosquée, et où malheureusement demeurent aussi la plupart des fils de Juda, afin de voir par moi-même comment les choses se passaient. De temps à autre, un juif entrebâillait sa porte et allongeait la tête, mais aucun d'eux ne se hasardait dans la rue.

Je m'assis sur un banc de terre et, suivant l'usage, je fus bientôt entouré d'un grand nombre d'indigènes.

— Est-il vrai, leur demandai-je alors, que vous frappez les juifs quand ils passent dans la rue lorsque vous priez?

— Certainement! s'écrièrent-ils tous avec un ensemble parfait.

— Mais pourquoi agissez-vous ainsi? dis-je en insistant.

— Oh! seigneur marabout, répondit un des plus importants, comment un homme comme toi s'inquiète-t-il des juifs?... Tu sais pourtant bien qu'un juif ne vaut rien? (*Machi mleh.*)

— Je ne prétends pas le contraire; mais voyons, si un chien, je dis plus, si un porc passait dans la rue au moment de la prière, est-ce que tu lui jetterais des pierres?

— Non.

— Et pourquoi donc maltraites-tu un juif quand cela lui arrive? car un homme sage comme toi ne doit pas l'ignorer, un juif est bien plus qu'un chien, plus qu'un porc, c'est un fils d'Adam comme toi et moi; enfin, il a une âme!

— L'indigène, un peu étourdi, réfléchit quelques

instants en caressant sa barbe, et me répondit ensuite gravement :

— C'est possible. (*Iemken.*)

Puis, se reprenant tout à coup, comme s'il eût déjà regretté une concession aussi énorme, il s'écria :

— Écoute, seigneur marabout, tu diras tout ce que tu voudras, mais un juif, il n'y a rien de plus mauvais !

Voilà tout ce que j'en pus tirer, et il est probable que les pauvres juifs continuèrent à être malmenés comme par le passé.

LES CAPUCINS DE TUNIS ET LE BONNET DU DEY.

Ce fait m'en rappelle un autre que je tiens du vénérable M. Bourgade, chapelain de Saint-Louis, à Tunis.

On sait que cette ville possède une maison de capucins dont le supérieur est évêque. Ces religieux, qui ne portent point de chapeau, mais une simple calotte, et dont la robe est d'une couleur peu flatteuse, étaient sans cesse insultés et même frappés par les Arabes qui les rencontraient dans les rues. L'évêque s'en plaignit au dey qui n'y comprenait rien, et qui néanmoins donna des ordres. Mais les choses ne s'amendèrent pas, et les capucins n'osaient plus sortir. Un jour que l'évêque, désolé, réclamait avec instance et suppliait le dey de trouver enfin le moyen de protéger efficacement ses religieux, celui-ci eut un trait de lumière, et, à la barbe du prélat ébahi et scandalisé, il partit d'un bruyant éclat de rire :

— Je vois ce que c'est, dit-il à l'évêque, mes braves sujets *vous prennent pour des juifs*, et ils vous traitent en conséquence. Mais, tenez, ajouta-t-il en le coiffant de son bonnet rouge, mettez ceci, et à l'avenir vous pourrez aller partout, vous ne recueillerez que des respects.

C'est depuis ce jour-là que les capucins portent un bonnet rouge dans la régence de Tunis.

LE VENDREDI-SAINT A ORAN.

Il n'y a pas bien longtemps encore, à Oran, ville encombrée d'Espagnols, les juifs voyaient avec terreur arriver la semaine sainte des chrétiens. En effet, ils avaient bien leurs raisons, car si les Espagnols, qui ont pour eux une antipathie presque aussi prononcée que les Arabes, en rencontraient, par malheur, dans les rues, le vendredi-saint surtout, ils les abîmaient de coups et de soufflets. Les indigènes, enchantés, applaudissaient, et il est inutile de dire qu'ils les secondaient de toute la vigueur de leurs bras. Mais la police, à la fin, s'en mêla, et les juifs purent sortir en tout temps sans avoir autre chose à craindre que d'être salués de l'épithète peu gracieuse d'*allouf* (porc), que personne ne leur épargne.

MOYEN DE TIRER PARTI D'UNE MAUVAISE PRISE.

Le dey avait naturellement sa part dans les prises que faisaient en mer les pirates de sa bonne ville d'Alger. Si la cargaison enlevée était d'une défaite facile, les choses allaient toutes seules; mais il arrivait aussi parfois qu'elle ne tentait personne et ne trouvait point d'acquéreurs. Le bonheur n'est pas de tous les jours. Fallait-il donc se résigner à ne rien ou presque rien avoir, lorsqu'on avait compté sur un bénéfice? Le dey ne l'entendait pas ainsi, et en pareilles circonstances il intervenait comme une providence secourable. Par son ordre, les juifs de la ville étaient *invités* à se rendre à la Kasbah, où il résidait habituellement, et là il leur vendait, à un prix fixé par lui, le butin des pirates. Les fils de Jacob acceptaient, cela va sans dire, et payaient sans réclamer. Les choses ainsi réglées, tout le monde était content : le dey, qui n'avait plus d'inquiétude pour sa part de prise, les forbans, qui se voyaient sortis avec avantage d'une mauvaise affaire, et les juifs, qui s'en allaient, un peu vexés sans doute, mais heureux pourtant d'emporter leurs têtes avec eux.

Un jour, un pirate d'Alger fut indignement volé. Sorti pour écumer la mer, il rentrait au port amenant un navire presque uniquement chargé de bonnets de police ou de schakos de soldats, le vieux juif de qui je tiens ce fait se servant du mot *biretta,* qui peut s'appliquer à l'un ou à l'autre. Que faire d'une pareille prise dans un pays où tout le monde porte le turban? Le dey eut recours à son expédient ordinaire, et les juifs furent appelés. « Nous avions grand'peur, me disait ce vénérable israélite, employé de la synagogue et habitant de la rue du Vinaigre, car que pouvait-il nous vouloir?... Tu sais, quand on montait à la Kasbah, on n'était pas sûr d'en revenir. » Le prix de chaque bonnet de police ou schako fut fixé par le dey à *trois francs.* On voit qu'il y mettait de la conscience. Naturellement, comme toujours, les pauvres juifs acceptèrent et payèrent. Mais ils n'étaient pas au bout de leurs tribulations; pour leur malheur, le dey était un mauvais plaisant qui aimait à rire. Le marché conclu, il ordonna aux israélites, *sous peine de mort*, d'avoir à porter cette coiffure. Les riches, à la vérité, s'en exemptèrent moyennant une certaine somme, mais les autres durent en passer par là. Il valait, en effet, mieux loger sa tête même dans un schako que de la perdre. Le dey eut ainsi double profit. « Comprends-tu cela? » s'écriait mon vieux patriarche avec une indignation vraiment comique; « un homme comme moi, » ajoutait-il en levant les yeux au ciel, « obligé d'aller par les rues avec un pareil objet sur la tête et de m'entendre insulter par tous ceux qui me rencontraient!... Que Dieu maudisse son péché! »

Je me sauvai, je n'y tenais plus; et, je le dis à regret, ce n'était pas un accès de sensibilité qui me faisait fuir; mais qu'on se représente ce vieux juif avec ses longues et maigres jambes, ses pieds nus, son nez formidable, son cou décharné, son vêtement sordide et délabré, ses gestes furieux, en un mot tout cet ensemble bouffon couronné d'un de ces énormes schakos d'autrefois... et l'on avouera que je ne suis pas sans excuse.

Il paraît que dans l'intérieur de l'Afrique les juifs ne sont pas plus heureux, car je trouve dans le *Voyage à Temboctou*, de René Caillé, tom. III, chap. 26, ce qui suit :

« Dans tout le pays d'el-Drah et de Tafilet, il y a des « juifs qui habitent les mêmes villages que les musul- « mans; ils y sont très-malheureux, vont presque nus et

« sont sans cesse insultés par les Maures. Ces fanatiques
« vont jusqu'à les frapper indignement et leur lancent
« des pierres comme à des chiens. Le moindre petit en-
« fant peut impunément les outrager sans qu'ils puissent
« ni se faire justice eux-mêmes, ni compter sur la pro-
« tection de l'autorité. J'ai eu souvent occasion de pour-
« chasser de petits vauriens qui vilipendaient ces mal-
« heureux... Les Maures, qui leur supposent beaucoup
« plus de fortune qu'ils n'en ont réellement, les tour-
« mentent souvent pour les rançonner ; enfin, non-seu-
« lement ils paient tribut à ceux-ci et à l'empereur, mais
« ils sont encore harcelés par les Berbers. Dans la soirée,
« Moula-Sitee donna de l'argent à un juif marchand
« pour qu'il lui achetât de la bougie. A son retour, ce
« juif fut arrêté par un chérif qui, le tenant fortement
« par son manteau, exigeait qu'il lui en donnât une. Le
« pauvre juif avait beau protester d'un air suppliant
« qu'il n'avait pas le moyen de faire un tel présent, le
« Maure insista avec violence, et, saisissant l'israélite
« par une boucle de ses cheveux, il tira un poignard et
« fit mine de vouloir le tuer. Le malheureux, transi de
« peur, criait de toutes ses forces : « Eh ! monseigneur,
« épargnez-moi, pour l'amour de Dieu ! Le Maure, à
« la fin, le laissa partir, et celui-ci se sauva à toutes
« jambes. »

www.ingramcontent.com/pod-product-compliance
Lightning Source LLC
Chambersburg PA
CBHW070900280326
41934CB00008B/1518